ベルリン　東ドイツをたどる旅

見市 知

産業編集センター

Viersaatbrot 1000g 2,50 €
Kürbiskernbrot 2,80 €
Sonnenblumen kernbrot 750g 2,20 €
Sesambrötchen Stück -,40 €

DDR

東ドイツについての基本データ

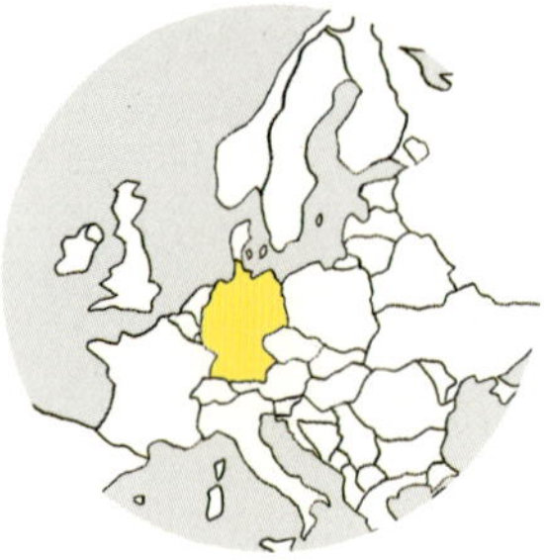

国名：ドイツ民主共和国
(Deutsche Demokratische Republik)

1949年10月7日に建国。
1990年10月3日、東西ドイツ統一により消滅。

面積（1990年）：108,333㎢
人口（1990年）：16,111,000人
首都：ベルリン

＊ベルリンの壁成立までの経緯
第2次大戦後、ドイツは戦勝国4カ国（米国、英国、フランス、ソ連）により分割統治されました。
1949年、米英仏占領地区だったエリアで西ドイツ（ドイツ連邦共和国）が成立、続いてソ連の占領地区だった東側に東ドイツ（ドイツ民主共和国）が建国されます。それは、世界を二分した資本主義陣営と共産主義陣営の冷戦構造の始まりでもありました。
ベルリンは、周辺をソ連占領地区に囲まれながら、さらに先勝国4カ国によって分割統治がされていたため、西側連合軍による統治下にあった西ベルリンは、東ドイツの中の陸の孤島となってしまいます。
しかし、東ドイツ側が西ベルリンとの境界線を「国境」と認識したのに対し、西

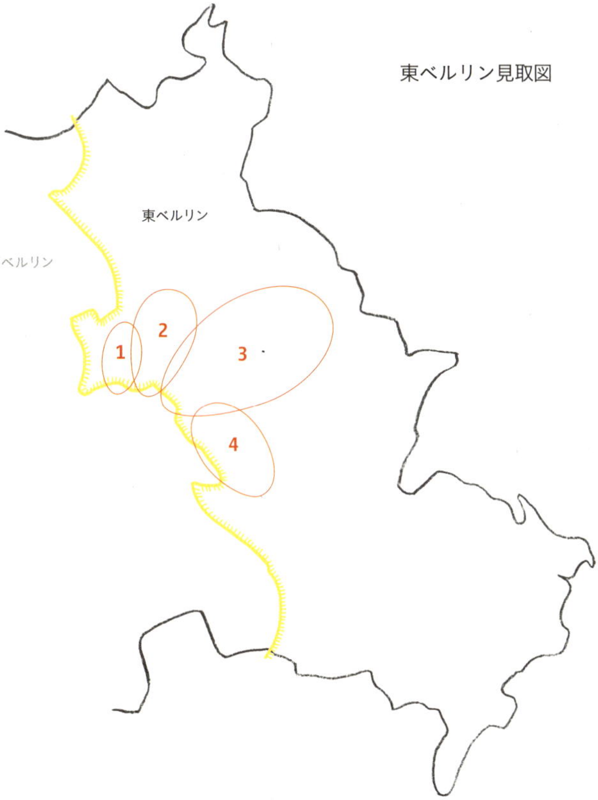

側はこれをドイツ内における境界線に過ぎないと捉え、交通の自由が認められていました。
東ドイツにおける社会主義体制の成立が進むとともに、東から西への人口流出に拍車がかかります。1949～1961年の間に350万人の市民が東ドイツを後にしたという記録が残っています。またベルリンでは、東西ドイツ成立後も東に住みながら西の職場に出かけて行く「越境者」が数多くいました。
こういった東から西への人口と労働力の流出を抑えるため、1961年8月13日、東ドイツ政府は「ベルリンの壁」の建設を開始、東西ベルリンの境界線を閉鎖しました。

1 市街中心部
Stadtmitte

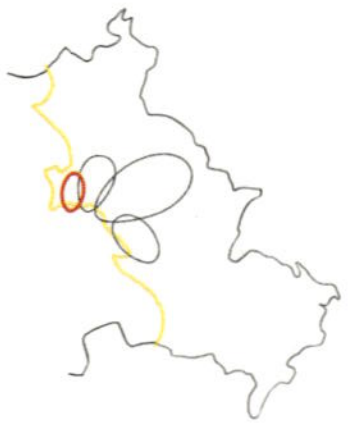

2　ポツダム広場
7　見張り塔：ライプチヒ広場
8　ブランデンブルク門
9　共和国宮殿跡地
10　テレビ塔
11　アレクサンダー広場
12　「国民の所有財産」という名のアート展
15　シュタージ展示施設
16　東ドイツ・ミュージアム
28　U6　Französischer str.
29　U6　Stadtmitte

S　Sバーン駅
U　Uバーン駅
ベルリンの壁跡

2 ミッテ、プレンツラウアーベルク地区
Mitte, Prenzlauerberg

1 ベルナウアー通り	23 パン屋・バルツァー	34 U7 Jannowitzbrücke
3 イーストサイド・ギャラリー	25 U6 Schwarzkopfstr.	35 U7 Heinrich-Heine-Str.
6 見張り塔：キーラー通り	26 U6 Zinnowizer Str.	36 アンペルマン・ショップ
17 デザインホテル・オステル	27 U6 Oranienburger Tor	37 ファウ・エー・ベー・オランジェ
18 カール・マルクス・アレー	30 U7 Bernauer Str.	38 ツィオン教会
19 レストラン・オッセリア	31 U7 Rosenthaler Platz	39 ゲッセマネ教会
20 アイスカフェ・サプライズ	32 U7 Weinmeisterstr.	
22 パン屋・ラース・ジーベルト	33 U7 Alexanderplatz	

3 ホーエンシェーンハウゼン、リヒテンベルグ地区
Hohenschönhausen, Lichtenberg

13 シュタージの拘置所跡記念館
14 シュタージ・ミュージアム
18 カール・マルクス・アレー
24 パン屋・ラオホ

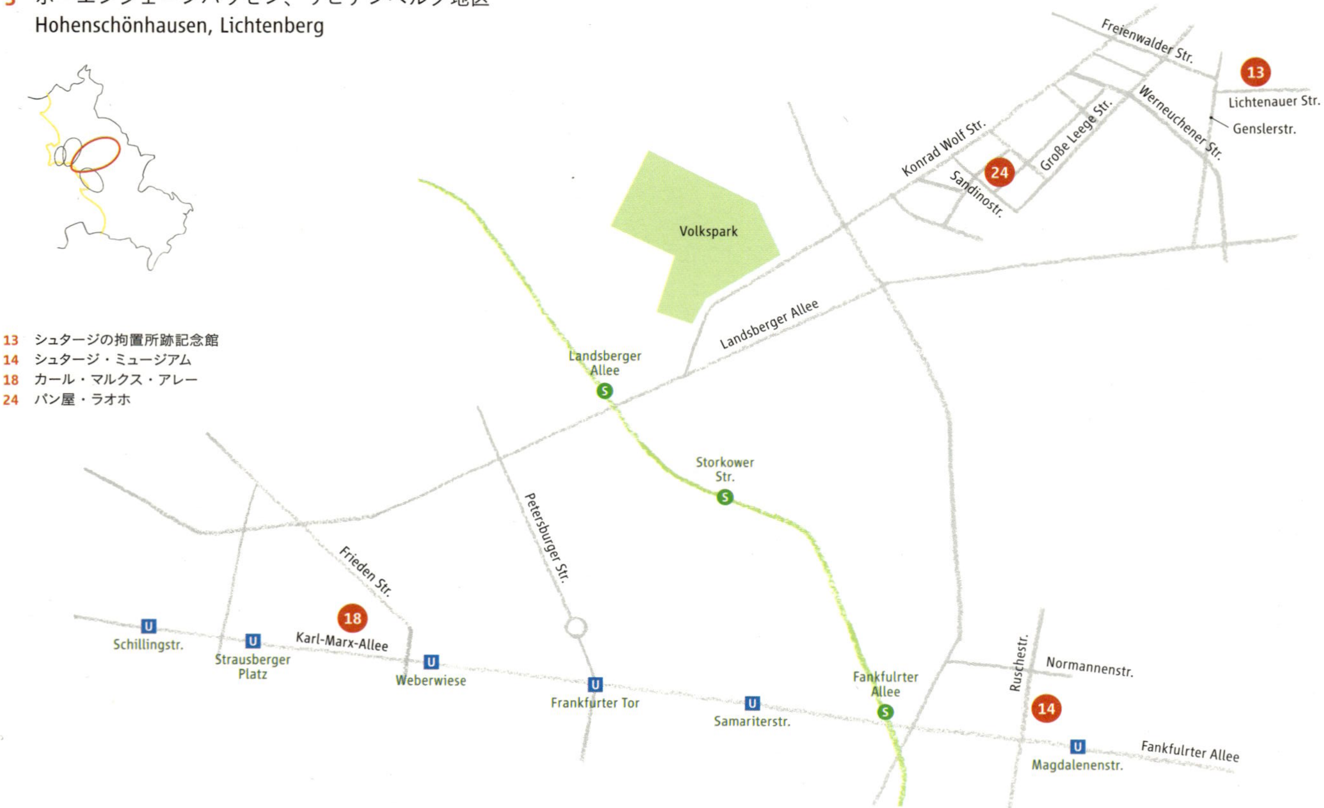

4 フリードリヒスハイン、トレプトウ地区
Friedrichshain, Treptow

＊マップは 2009 年 1 月時点で作成したものです。
＊マップは細い路地などを割愛した簡略図です。縮尺は現状と若干異なる場合があります。ご了承ください。

はじめに

私は１カ月だけ、東ドイツに住んでいたことがあります。なぜ１カ月だけだったのかというと、暮らし始めて１カ月後に東西ドイツが統一し、東ドイツという国がなくなってしまったから。

1990年９月、私は日本からベルリンへ交換留学生としてやって来ました。そのときベルリンの町は、40年間分断されていたドイツの歴史的な統一を前に、世界中からの報道陣と観光客であふれていました。

私はそれから１年、東ベルリンに滞在することになるのですが、そのとき実感したことのひとつは、「たとえ国家が消滅しても、そこに暮らす人々の生活は続いていくのだな」という、あたりまえと言えばあたりまえのことでした。

当時、町中の至る所で、東西を隔てていた壁が撤去され、積み上げられている風景を目にしました。住んでいた寮の近くにあった壁がある日なくなって、西ベルリン地区のスーパーに歩いて買い物に行けるようになったときの、拍子抜けした感じはよく覚えています。そして、あちこちで「ベルリンの壁」のかけらが売られていました。

私はあのとき、「ベルリンの壁」を記念に持ち帰る、ということがどうしてもできませんでした。それは、記念品というにはあまりに苦い記憶ももった石のかけらのように思えたから。たとえて言うならばそれは、使われなくなった古い刑務所の塀のようなイメージでした。

2009年、「ベルリンの壁」が崩壊してから20年の歳月が流れました。今、東ベルリンをたどる本を書くことは私にとって、まだ残っているベルリンの壁のかけらを探しに行く作業のように思います。そしてこの作業を通して、私自身が出会った「東ドイツ」という場所を、もう一度見つめたいと思うのです。

「ベルリンの壁」の中に閉じ込められていた不思議な国、東ドイツ。そこにはかつて何があって、何が失われ、そして何が残ったのか。

この旅は、「東ドイツ」を「東ドイツ」たらしめた最も象徴的な存在、「ベルリンの壁」からスタートします。

（注）1「東ドイツ」の正式名称は「ドイツ民主共和国（Deutsche Demokratische Republik＝略称：DDR）」ですが、本書では一般に通りのよい「東ドイツ」という呼称を基本的に用います。

2 本文中で「ベルリンの壁」、または「壁」とカギ括弧付きで表記するときは、1961～1989年まで東西ベルリンの間にあった境界線を意味します。

目 次　Inhalt

コラム　Kolumne

第1章

「ベルリンの壁」を見に行く

私が1990年９月に初めて「ベルリンの壁」を見たときの正直な印象は、不謹慎にも「うわー、なんてウソくさい」でした。そのときの「壁」がブランデンブルク門脇の「世界で最も有名なベルリンの壁」だったということにも関係していたのかもしれません。

1989年11月に「壁」が開いて以来､世界中にテレビ中継されてきたその「壁」は、すでにありとあらゆる人々によって叩かれ削られた、ボロボロの「死んだ壁」になっていました。多くの人たちが自由を束縛され、ときには家族が引き裂かれ、中には命を落とした人もいる､という事実がまるで冗談に思えるほど､権威を失った壁の残骸がそこにありました。（注：その後、ブランデンブルク門周辺の再開発に伴い、そこにあった壁は撤去されました）

それはまるで、この世の権威が、いとも簡単に引きずり下ろされるものであることを物語っているかのようです。でも一方で、そこにかつて権威が存在したことは､抑圧を受けてきた人々にとってはぬぐい去りがたい記憶を残しているのです。

「ベルリンの壁」の形跡は、ベルリンの町のあちこちに多様な形で残されていて、そこには「壁」のさまざまな表情を見ることができます。数カ所の壁を訪れ、その印象をつなぎ合わせていくと､「壁」があった当時のベルリンの気配がリアルに感じられて来る、貴重なモニュメントです。

Bernauerstr.

ベルナウアー通り -Bernauerstr.

私は「ベルリンの壁」を怖いと思ったことがありませんでした。ドイツ統一の約1カ月前にベルリンを訪れて、それから1年間そこに住んでいたときのことです。それは、崩壊したあとの「壁」しか見ることがなかったからだと思うのですが、逆にあまりに何も感じない自分の感性の鈍さに愕然としたことも覚えています。
そんな中で迎えたドイツ統一は私にとって、その歴史的意義を本当の意味では実感できないセレモニーでした。まるで知らない人のお葬式に通りかかって成り行きで参列してしまった、みたいな間の悪さがありました。
ベルリンを初めて訪れた日からずいぶん経って、ベルナウアー通りの「壁」に出会うわけですが、そのときたぶん初めて「ベルリンの壁」を怖いと思ったように覚えています。
ベルナウアー通りでは、「壁」があった当時の状態を忠実に保存し、それを西側と東側からのぞけるようにつくっているのです。この「壁」の前に立ったとき、ただ事実のみを静かに目の前に突きつけることが、こんなに大きな力を持つのかと感銘を受けました。
かつてまだ「壁」が立ちはだかっていたとき、こんなジョークがありました。
「東ドイツが、オリンピックで絶対に金メダルを取れない種目は何でしょう？」
答えは「棒高跳び」です。なぜなら、彼らは「ベルリンの壁」を越えることができないから、というのがオチ。
しかし、「壁」の威力はその「高さ」にではなく、「いつまでも、この壁がここにこうしてあるだろう」と思わせる「時間性」にあったのだというのを改めて感じます。そして思い描いてみるのです。もし自分が「壁」の向こう側にいて、この状態が明日もあさっても続き、西側に出られるのは、まじめに働いて年金生活者になってからだよ、と言われたらどうだったろうかと。
東ドイツの秘密警察、シュタージ局員を主人公にした映画『善き人のためのソナタ』の中に、こんな場面があります。
当局に目をつけられている脚本家の、逮捕後の扱い方について主人公の上司がこう言うのです。
「逮捕したら、一切外部とは接触させない。拷問もしない。そして期限を知らせずに、延々と勾留し続けるんだ」
これはまるで、「ベルリンの壁」の中に閉じ込められていた、東ドイツの人々の状態そのもののようにも聞こえます。
当時、この状況に絶望して「壁」を越えようと試み、成功した人たちは1961～1989年の間に5000人以上いたと言われ、ベルリン以外の国境を越えて東ドイツ

ベルナウアー通りの「ベルリンの壁」全景

から西へ逃げた人の数も含めると４万人と記録されています。そして失敗し、国境施設で逮捕された人たちは、秘密警察に残っている記録では 1976 〜 1988 年の間で３万 8063 人。国外逃亡を試みた罪で投獄された人の数は７万 5000 人に上ります。東ドイツでは、国境侵犯の初犯が懲役２年、再犯で８年とされていました。さらに、1961 〜 1989 年の間に「ベルリンの壁」周辺で命を落とした人の数は、136 人と見積もられています（Zentrum für Zeithistorische Forschung e.V. ほか調べ）。

「ベルリンの壁」というと、西ベルリンと東ベルリンの細い境界線上を１枚の壁が隔てていたようなイメージを描きがちですが、「壁」は通常、東と西の間に二重に建てられ、その間に「立ち入り禁止エリア（=Todesstreifen）」が設けられ

1980年頃の「ベルリンの壁」見取り図

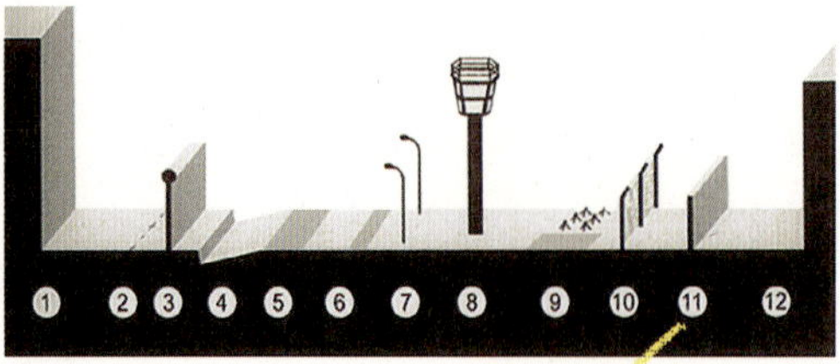

Copyright: Stadtwandel Verlag, Berlin

①西ベルリン
②境界線
③ベルリンの壁（前方の壁）
④車両通行止め
⑤コントロールエリア
⑥隊列道
⑦照明
⑧見張り塔兼管制塔
⑨対戦車障害物
⑩鉄条網
⑪後方の壁
⑫東ベルリン

こちらが東側の「壁」です

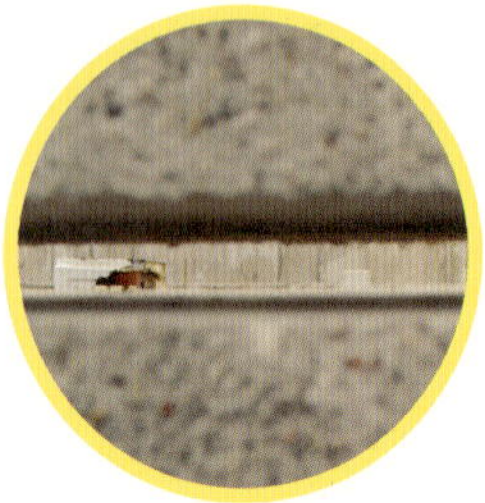

東側の「壁」の細い隙間から、
立ち入り禁止エリアが覗ける
ようになっています

ていました（図参照）。

ここで見られる東側の「壁」は、２メートルほどの高さで、大人がその気になれば乗り越えることができそうです。でも実は、この「壁」には細い隙間が開いていて、「立ち入り禁止エリア」を覗き見ることができます。そこから見える西側の壁は3,6メートルの高さで強固に立ちはだかり、視界を完全にさえぎることで、見る人にある種の無力感を与えるのです。

「壁」の左右を巨大なスチール板で区切り、ひとつのアート空間として完成させたのは建築家デュオのコルホフ＆コルホフです。スチール板は鏡の役割を果たし、その空間にだけ切り取られて残された「壁」と立ち入り禁止エリアが、無限に続いているかのような視覚的効果をもたらしています。

当時、壁の近くに住んでいて、心を病んでしまった人がいるという話を思い出しました。

「壁」が建設されるまで、ベルナウアー通りの東側に住んでいた人たちにとって、一歩家を出ればそこは西ベルリンでした。彼らはごくふつうに西側の職場に出勤し、西側に買い物に出かけていたといいます。

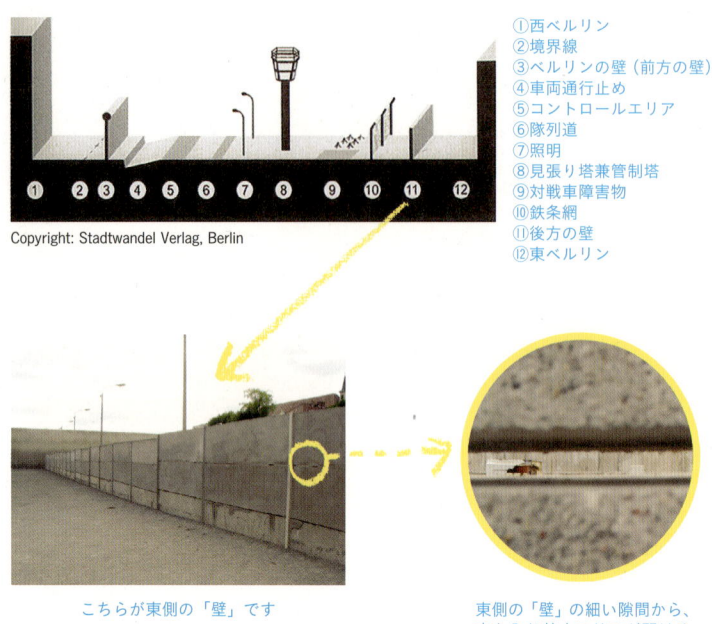

西側の壁です。3メートル以上の高さで、威圧感があります

1「壁」脇に立つドキュメント・センター。当時のニュース映像などが公開されています 2 ドキュメント・センターの最上階は、「壁」の全景を俯瞰できる展望台になっています

「壁」が建て始められた直後のこの通りの様子は、古いニュース写真や映像に数多く残されています。自分の家の窓から飛び降りて西へ脱出をはかった人たちの様子や、当時の西ベルリン市長だったヴィリー・ブラントが、この通りで壁越しに東側を見つめる姿など。そして 1964 年には、地下室を利用して 145 メートルのトンネルを東と西の間に掘り、57 人もの東ドイツ市民が西へと脱出を遂げた伝説的な事件がありました。その場所があったのもこの通りの近くです。

ベルナウアー通りの「壁」脇には今、これらの歴史を紹介するドキュメントセンターが立てられています。「壁」が建てられた当時の歴史をたどれる展示、豊富なニュース映像や、ラジオ放送の音声も紹介されており、さらに最上階は「ベルリンの壁」を俯瞰できる展望台になっています。

ちなみにこのドキュメントセンターは西ベルリンに位置しています。なので俯瞰するときは、かつて多くの場合そうであったように、「西から東をのぞく」格好になるわけです。

3

4

3「壁」のすぐ近く、かつての境界線の狭間にある「和解のチャペル」です。壁犠牲者のためのお祈り会が行われています 4 1985 年、東ドイツ政府によって破壊されるまでここには「和解教会」という名の教会が立っていました

Bernauerstr.111, 13355 Berlin （Map 7P-1）
最寄り駅：Nordbahnhof（S1）、Bernauerstr.(U8)

＊「ベルリンの壁」ドキュメントセンターの開館時間は
10:00-17:00（月火休館）。入場無料。
www.berliner-mauer-dokumentationszentrum.de

Potsdamer Platz

ポツダム広場 -Potsdamer Platz

ベルリンの再開発がたけなわだった90年代中頃、私は旧西ドイツ地域のはるか南西の町に住んでいたのですが、その頃たまにベルリンに遊びに来るとよく町中で迷子になりかけました。
特に東ベルリンの中心部、ミッテ地区のあたりが劇的に変わった時期だったので、以前の土地勘が通用しなかったのです。なまじ「以前住んでいた」という自負があるだけによけい混乱し、地図を持たずに町へ出ようものなら、まさにおのぼりさん状態でした。そんな過去の苦い思い出があるため、私は今でもベルリンで外に出かけるときは地図が手放せません。
ポツダム広場は私にとって、何度来ても方向感覚が奪われるような感じにとらわれる場所です。自分が今、ベルリンのいったいどのへんにいるのかわからなくなるような感じ。
映画『ベルリン・天使の詩』では、まだ「壁」があった当時のベルリンで、「ポツダム広場はどこだろう」と延々歩き回る年老いた詩人が出てくるのですが、まさにちょっとそんな思いにかられる場所なのです。
ここは、第二次大戦前はベルリンで最もにぎやかだったと言われる広場の上に、「ベルリンの壁」の断層が走っていた場所です。
壁崩壊後、昔の華やかさを取り戻すべく一大再開発プロジェクトが実施されました。このことによって、レンゾ・ピアノ、ハンス・コルホフなどのスター建築家による高層ビル群、そしてヘルムート・ヤーン設計のソニー・センターなど、巨大でスペクタクルな建物が立ち並ぶ、近未来的な空間が出現しました。東京でならばよくあるような光景です。でも、古い町並みを重んじるドイツでは、極めて珍しい風景と言わなければなりません。その場所にあった過去の風景がきれいさっぱりなくなって、空白の時間を経て出現した新しい町並み。それはまるで、映画のセットのようにリアリティが希薄な、不思議な空間でした。
開発プロジェクトが一段落した直後、ベルリン市民を対象に行われたアンケート調査で、「行きたくない場所ナンバーワン」に選ばれてしまったこともあるそうですが、何だかそれにもうなずけてしまう、新しさという名のうさんくささが、できあがったばかりのポツダム広場にはあったような気がします。
ポツダム広場の再開発は、1991～98年にかけての長きに渡るものでした。「世界最大の工事現場」と呼ばれたこの場所は当時、「工事現場」であることをアトラクションにした観光名所でもあり、新生ベルリンの希望の象徴でもありました。この頃のポツダム広場には何度か出かけていった思い出があります。複数の大規模工事が同時進行で進められている敷地の中の一角で、電光板に「See you

コルホフタワー（左）とドイツ
鉄道のビル（右）が向かい合う、
ポツダム広場の交差点

1

2

3

tomorrow」という文字が浮かび上がっていて、その言葉がまるで、今日よりさらに進化した明日がある、という確信のように見えたのを覚えています。その、夢と希望のあるカオス状態にはまるで、「壁」が崩壊して間もなかった頃のベルリンの様子を思わせるものがありました。しかし、ポツダム広場が完成するまでの7年という時間の間に、人々が「ドイツ統一」に賭けた甘い夢は厳しい現実へと取って代わられ、統一を成し遂げた功労者とも言えるコール政権が終わりを迎えます。

ポツダム広場の完成をもって、統一後のさらに新しい時代が始まったのだと言えるかもしれません。

こうして何から何まで新しくなったかのように見えるポツダム広場ですが、よく見るとその地面には、ベルリンの壁の跡がくっきりと刻まれています。一見、唐突に置かれているように思える壁のブロックも、実はその壁跡の上に忠実に設置されているのです。

これを見つけられると、私の怪しかった方向感覚もちょっとよみがえってきます。少なくとも、自分のいる場所のどちらが東でどちらが西かということくらいは。

4

1. 2 広場の上に残されている、「ベルリンの壁」の跡 3 道路の上にも、「壁」の跡が走っています 4 壁跡のシュプールの上に、本物の「壁」が展示されています 5 一見、アートオブジェのように見える「壁」です

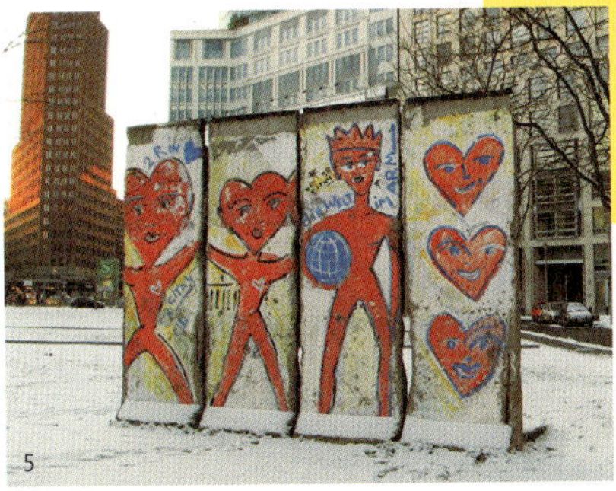
5

Potsdamer Platz （Map 6P-2）
最寄り駅：Potsdamer Platz（S/U）

East Side Gallery

イースト・サイド・ギャラリー -East Side Gallery

1316メートルに及ぶ、オープンエアアート
に生まれ変わった「ベルリンの壁」

殺風景なパネル建築の高層住宅群が立ち並ぶ東駅（Ostbahnhof）裏。東ドイツ時代、この駅が「中央駅（Hauptbahnhof）」と呼ばれていたことに、今更ながら深い感慨を覚えます。（注：2006 年には、西ベルリン側に新「中央駅」が完成しています）

ドイツを鉄道で旅するとわかるのですが、たとえば東京で「東京駅」のように、各都市の玄関口の役割を果たしているのがその町の「中央駅」なのです。それはたいがい、その町の中心部にある一番大きなターミナル駅なのですが、私が人生で出会った最初の「中央駅」がこの東駅だったという運命の不思議。

駅建物はそれなりに立派で大きいのですが、立地が微妙なのです。ちなみに私は、どこの町にもある「中央駅」という名称を耳にするたび、この、ベルリン東駅裏のわびしい風景を思い浮かべてしまいます。このあたりの感じは、ドイツ統一から 20 年を経た今も、幸か不幸かあまり変わっていません。

1990 年当時、この場末感漂う駅の反対側で「ベルリンの壁がおもしろいことになっているらしい」という話を聞いて見に行きました。それがイースト・サイド・ギャラリーでした。「ベルリンの壁」の開いた直後に実施されたプロジェクトで、このエリアの 1316 メートルに及ぶ「壁」に 24 カ国 118 人のアーティストが直にペインティングを施したものです。

グレーの冷たい「壁」が色鮮やかなギャラリーに生まれ変わった様子は、一夜にして「ベルリンの壁」が開いたのと同じように、そこにまるで新しい世界が出現したかのようでした。
この「壁」は、シュプレー川の流れに沿って立っています。なので、壁が住宅街を唐突に分断していた他のエリアとは少し違って、比較的自然にデッドエンドが形成されているのです。川の向こうには西ベルリンの町が広がっていて、そこはトルコ系住民の人口が多いことで知られるクロイツベルク地区になります。
イースト・サイド・ギャラリーには、「壁」の開いた向こう側に富士山が見える「日本地区への迂回路」と書かれたものや、東ドイツの国産車トラバントが飛び出してくるもの、幽霊のような難民の群れが描かれたものなど、「ベルリンの壁」をテーマにしたインパクトある作品が並んでいます。しかし、その中でも圧巻は実際のニュース映像から起こした、東ドイツのホーネッカー書記長とソ連のブレジネフ書記長の熱烈なキスの場面を描いたものだと言えます。これはいったい何ごとか、と通りがかる人の足を止めてしまう絵柄ですが、これは社会主義圏の指導者同士が交わす「兄弟のキス」といって、両国間の親密さと信頼関係を表すものだったのだそうです。そうまでして、捨て身で「信頼してますよ」と表現しなくちゃならなかったんでしょうか、と見るたびに不可解な気持ちを拭いきれずにいます。
このオープンエア・ギャラリーも20年近い風雪に耐えてきました。大通りに面しているので車の排気ガスの汚染も影響し、絵が描かれた壁の表面がかなりボロボロになり、このたびベルリンの壁崩壊20周年を機に、修復が進められています。
ところで、この壁に平行して流れているシュプレー川は東ドイツの「水域」だったのだそうで、それ自体がすでに境界線の一部だったわけです。東ドイツ側の境界線である川で、まちがって西の人間がおぼれてしまった場合、それは禁止境界水域に足を踏み入れてしまった、という厄介なことになり、救出が簡単ではなかったのだとか。
この場所の「壁」の犠牲者の数は、「壁」を越えて西へ逃げようとして亡くなった人が5人、それから西ベルリン側で、川でおぼれて亡くなった子供が5人、と記録されています。

East Side Gallery （Map 7P-3）
Mühlenstr.
最寄り駅：Berlin-Ostbahnhof（S）, Warschauerstr(S/U1)

1

2

1 ソ連のブレジネフ書記長と東ドイツのホーネッカー書記長の「兄弟のキス」。共産圏の指導者同士の、お決まりのあいさつだったそうです 2 このシュプレー川は東ドイツ側の水域でした 3 西側へと渡る橋「オーバーバウム・ブリュッケ」。ここには検問所がありました

3

1

Bezirk Treptow

トレプトウ地区 -Bezirk Treptow

「トレプトウ地区（Map 9P）にも壁跡が残っているんだよ」と友人から聞いたときは、ちょっと意外な気がしました。
トレプトウはベルリンの南東部に位置する、中心部から離れた街区で、緑豊かなトレプトウ公園（Treptower Park）や広大な市民菜園、そして工業地帯が同地区面積の大きな割合を占めています。20世紀初頭に急激な都市化を受けて新たに開発された、比較的新興のベルリンの街区です。名所といえば、戦後すぐにソ連軍が東ドイツに建設させた「ソ連軍のための慰霊碑公園」があります。
地図をよく見ると、街区の地形が細長いためもあって、「ベルリンの壁」に接している距離がかなり長いのです。
２日くらいに分けて友人に案内してもらい、この地区にあった「壁」の跡をひたすら自転車でたどってみました。町の中心地の喧噪を離れたのどかな風景が続くので、「この辺なら、ベルリンの壁を越えて逃げるのも簡単だったのでは」などと錯覚してしまうほどです。でも、トレプトウ全体で「ベルリンの壁」を越えようとして亡くなった犠牲者は、15人と記録されていて、その中には当時10歳と13歳の子供も２人入っています。
のどかな運河沿いの散歩道には、ひっそり立つ慰霊碑を見つけることができます。1989年２月６日、ここから西へ逃げようとして射殺された20歳のクリス・ゲフ

1 一見ごくふつうの住宅街のような風景。２列の敷石のように見える線は、実は「壁」の跡です 2 壁跡の線上に立っている建物は、統一後に新築されたものです

ロイのための慰霊碑（Map 9P-4）です。
1989年といえば、その年の11月にはベルリンの壁が開くことになる年です。彼は記録されている中で一番最後の「ベルリンの壁」の犠牲者になります。
この慰霊碑を前にしたとき、特別なやるせなさを感じました。それは、『アンネの日記』で有名なアンネ・フランクが息を引き取ったのが、その収容所が解放される約1カ月前だった、という話を聞いたときに感じたやるせなさに似ています。アンネは亡くなる直前、「もう自分の家族はだれも生きていないだろう」と絶望していたといいます。しかし、実際は最愛の父親が生き延びていました。
もし彼や彼女が、1カ月後、または1年後に、今の苦痛に満ちた状態が終わるのだと知っていたら、または少なくともそういう希望を持ち続けることができたなら、運命は違っていたかもしれないのです。
「トレプトウ自転車ツアー」の後、私は、一見ただの敷石のような「ベルリンの壁」跡が見分けられるようになりました。住宅街の道を、必ずしもまっすぐに区切ってはいない「壁」の跡は、まるで不慮の事故に遭遇した人の消えない傷跡のようです。
工業地帯を通り抜けて行くとき、ほかにも興味深いものをいくつか見つけました。ある場所には、小さな小屋のようなものがいっぱい集められていましたが、これは、使われなくなったトラバント用（旧東ドイツで最もポピュラーだった国産車）のガレージです。別のところでは、砂利や砕石を加工する工場に、取り払われた「ベルリンの壁」が積み上げられていました。
（一部の物好きを除いて）観光客が訪れることも少ないこの地区の、東ドイツ遺跡めぐりには独特な趣がありました。
「ベルリンの壁」は、いまだに町中のおみやげ屋さんで見かけます。見るたびに私は（根拠もなく）「これはニセモノなのでは」と疑いの眼差しを向けてしまうのですが、トレプトウ地区で砂利に加工されるのを静かに待っている「ベルリンの壁」には、有無を言わせぬ「ホンモノ感」が漂っていました。動物が死んで土に帰るように、「ベルリンの壁」にも人知れず行き着く先があることを知って、なぜか心慰められる思いがしました。

4

3 1989年2月6日、「ベルリンの壁」を越えようとして射殺された、当時20歳のクリス・ゲフロイの慰霊碑 4 市民菜園が続くエリアで見つけた、トラバントのガレージ 5 砂利に加工されるのを待っている「ベルリンの壁」です 6 トレプトウの壁跡めぐりは、自転車で行きました

5

6

1

Wachtürme

見張り塔 -Wachtürme

トレプトウ地区のシュレージッシャー・ブッシュ（Schlesischer Busch　Map 9P-5）と呼ばれる緑地に残る見張り塔は、周辺の木立の緑にとけ込んでのどかに立っているかのように見えました。初めて塔に気づいたときには、建物そのものが本来担っていた「負のオーラ」みたいなものが感じられず、そのさりげない佇まいがかえって衝撃的でした。
このほかにキーラー通り（Kieler Str.　Map 7P-6）とライプチヒ広場（Leipziger Platz　Map 6P-7）にも見張り塔は残っているのですが、これらは地図をたどっていって見つけるのに少し手間取りました。理由は、周りの風景があまりにも変わってしまっているからです。見張り塔は本来、ベルリンの壁の狭間の「立ち入り禁止地帯（Todesstreifen）」に位置していました。ちなみに、Todesstreifen の「Tod」は死、「Streifen」は地帯を意味し、「ここに無断で立ち入ることは死を意味する」みたいな怖い響きを帯びています。

2

3

1 シュレージッシャー・ブッシュの木立に囲まれて立つ見張り塔 2 シュレージッシャー・ブッシュの見張り塔から見える眺め。木立の向こうの運河はもう西ベルリンです 3 キーラー通りの見張り塔「ギュンター・リトフィン記念碑」 4 ライプチヒ広場。ここはポツダム広場の裏手になります

今では、キーラー通りには新しいマンション群が立ち、ライプチヒ広場には豪華ホテルが出現しました。自分より背の高い建物に囲まれてしまっては、道行く人に「それがかつて見張り塔だった」と気づいてもらうことさえ難しくなります。そういうわけで、今では何かの格納庫のように見えるこれらの建物について知りたいと思ったら、私たちは情報を得るとともに想像力をはたらかせる必要があるわけです。

キーラー通りの見張り塔は、「ギュンター・リトフィン記念碑」として保存されています。ギュンター・リトフィンとは、1961 年 8 月 24 日に西ベルリンに逃亡しようとして、この見張り塔から狙撃されて命を落とした、ベルリンの壁の最初の犠牲者の名前です。

4

Kolumne #1

「ベルリンの壁」を見つけるには？

気合いを入れて「壁」めぐりをするなら自転車で。ただし、暖かい季節がおすすめです。
＊ベルリンには貸し自転車屋さんが多いです。ホテルや、ドイツ鉄道(http://www.callabike-interaktiv.de/kundenbuchung/) でも自転車を貸し出しています

「壁めぐりをするのに必要なのは、まず自転車だ」とベルリン在住歴20年のベルントくんが、ベルリン市民を代表して言っております。
この人は、ベルリンの壁が開いた直後にベルリンに来て、まだ壁が生々しく残っていた当時に自転車ツアーをしたという実績の持ち主です。
東ベルリンと西ベルリンを隔てていた壁の長さは全体で160キロメートル。この痕跡を残し、訪れる人が見つけやすくするために2001年、かつてベルリンの壁があった場所に「ベルリンの壁の道（Berliner Mauer Weg)」を示す標識が設けられました。これと併せて登場したのが自転車用の「ベルリンの壁」ガイド「Berliner Mauer-Radweg」。町の中心部から外れたエリアについてもディテールが記された地図付きです。
一方、「そこまで気合いを入れずとも、歩いて有名どころだけを回りたい」という人には、壁跡と名所ポイントを記した地図「Mauerpläne」(Edition Panorama Berlin, www.panorama-berlin.de）とコンパクトなガイドブック「Berlin 1945-1989」(Ch.Links, www.pastfinder.de) がおすすめです。自転車ツアーをする人も、これらを併用するとわかりやすいかと思います。すべて、英語バージョンもあります。
さらに2008年、カーナビの要領で「ベルリンの壁」を見つけるという「Mauerguide」も登場しました。ベルナウアー通りやポツダム広場など、ベルリンの壁の有名どころ脇に貸し出しスペースが設けられ、1日15ユーロで借りられます。これは、4～10月の間の限定営業となっています。

通り名の標識の上に設置された「ベルリンの壁の道（Berliner Mauer Weg）」の標識です

「ベルリンの壁」跡には、その場所の歴史を表記した透明板も立てられています

地面にくっきりと記された「壁跡」

「ベルリンの壁」ガイドいろいろ。ベルリン市内の大手書店や、「壁」関連ミュージアムのショップで購入できます

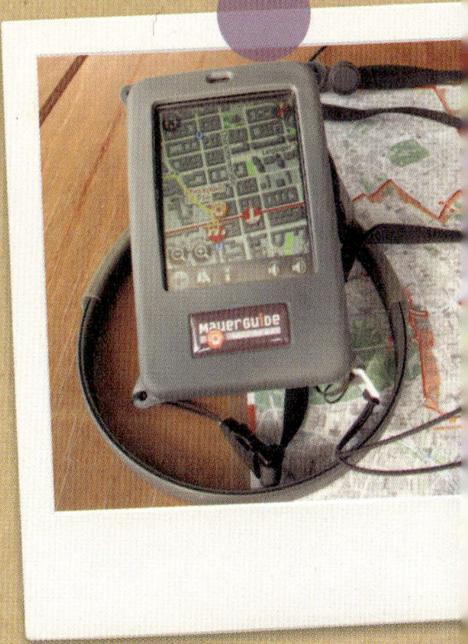

GPS 搭載の「壁」ナビも登場（www.MauerGuide.com）

第2章

目抜き通り―もうひとつのドイツ

ドイツ統一直後、「東ベルリンにはほとんど行くことがない」と言う西ベルリン在住の日本人の女の子に知り合うことがありました。
「どうして？」と尋ねると、「だって怖いんだもん」とのこと。たしかにドイツ統一直後の東ベルリンは、社会主義体制の暗いイメージが今よりも生々しかった上にネオナチと呼ばれる若者の姿が増え出し、難民施設襲撃事件などが起こったりしていた物騒な時期でもありました。
実際、町が今よりもずっと暗い感じでした。これはイメージ的なものだけでなくて、夜の町の人通りが少なく、灯りも暗かったのです。
その後、ベルリンが正式に、統一ドイツの首都となり、ベルリンは再び政治の中心地へと返り咲きます。東ベルリンの中心部にも新しいデパートやホテル、しゃれたカフェやお店が立ち並び始めました。
20年という歳月は、生まれたての赤ちゃんが20歳の大人になるまでの時間です。今や「ベルリンの壁」崩壊後に生まれた世代が社会に出始め、「ベルリンの壁」やドイツ統一の経緯についてよく知らない若い世代も増えてきているといいます。
そんなふうに20年の間には、ものすごい変化が起るわけですが、それでもまだ、過去が忘れ去られてしまうには不十分な歳月の長さのように思うのです。
ここでは、ベルリンの目抜き通りを中心に、今も東ベルリンの町中に残されている、社会主義国家だった「もうひとつのドイツ」の断片を見て行きたいと思います。

Brandenburger Tor.

ブランデンブルク門　-Brandenburger Tor

ベルリンを案内しているドイツ人の観光ガイドから聞いた話。
「よその町からベルリン観光に来た小学生に聞かれたんだ。どうしてベルリンの壁のあんな近くに、ブランデンブルク門を建てたのって」
言わずもがな、ベルリンの壁（1961 年築）が建てられるよりはるか昔から、ブランデンブルク門はあったのですが、予備知識なく見たときに子供がそんなふうに感じてしまうような「唐突さ」というのが、たしかにブランデンブルク門にはあります。「裸の王様」みたいですね。やはり、子供の目はだませません。
ブランデンブルク門はもともと、ベルリンの町が城壁で囲まれていた時代の都市門のひとつでした。現在も見られる新古典主義様式の立派な門が造られたのは 1788 ～ 91 年にかけてのこと。プロイセン王国の建築士だったカール・ゴットフリート・ラングハンスが、アテネのアクロポリスにあるプロピュライア（門）を下敷きに設計した、ギリシャ復興式の代表的作品と言われています。この門に面した広場から大通りウンター・デン・リンデンが始まり、ベルリン宮殿へと続くプロムナードが形成されていました。つまりこの門はかつて、プロイセン王家の「玄関口」の役割を果たしていたわけです。
戦後、ベルリンの町が分断された時、ブランデンブルク門は東側に組み込まれました。「壁」によってかつての「玄関口」は遮断され、その周辺も封鎖されたのです。それはまるで、ブランデンブルク門そのものが、囚われ人になったかのような様相でした。28 年間という空白の時間はこの場所に、一種の真空地帯のような不思議な雰囲気をつくり出しました。
壁崩壊後、ブランデンブルク門前のパリ広場は美しく復興されて、ホテル・アドロンやフランス大使館などの壮麗な建物が建ち並ぶようになりました。ドイツ統一式典のときも、欧州単一通貨ユーロが導入された日も、そして 2006 年のサッカー W 杯のときも、この場所に集まる人々の様子が世界中に放映されました。
人々が喜びをもって集まる広場の役割を担うことで、ブランデンブルク門前も今では少しずつその唐突さが薄まって、「ベルリンの中心」らしさを取り戻しつつあるような気がします。

Brandenburger Tor　(Map 6P-8)
最寄り駅：Unter den Linden（S バーン）

1 ベルリンの壁が目の前にあったブランデンブルク門。東西冷戦のシンボルでした 2 ブランデンブルク門前にいた「記念撮影」屋さん。かつての占領軍の制服と旗を貸してくれるという、ややブラックな趣向 3 こちらは「スタンプ」屋さんです。ベルリンが占領区だった時代の、連合軍の通行証を押してくれます 4 ブランデンブルク門前から始まる大通り、ウンター・デン・リンデン

Palast der Republik

共和国宮殿跡地 -Palast der Republik

完全な更地となった共和国宮殿跡地（手前から３つ目の敷地）

2009年6月現在、更地になった宮殿跡地。東ドイツ時代の様子がパネル展示されています

「方角の悪い場所」というのがあります。卑近なたとえで悪いのですが、よく町内の一角などに、新しいお店ができてはすぐにつぶれ、次のお店ができてもそれが長くは続かない、という験の悪い場所があるものです。立地的には人通りも多いし、何ら問題がないように見えるのに、です。
私は、共和国宮殿の跡地（Map 6P-9）脇を通るたびに、いつもそのことを思い出すのです。この場所には東ドイツ時代の1976年から共和国宮殿（Palast der Republik）が立っていましたが、その前には1950年までプロイセン王国のベルリン宮殿が存在しました。
第二次大戦後、東ドイツ政府はベルリン宮殿を「プロイセン軍国主義の象徴」であるとして、戦禍を受けた宮殿の修復を拒絶します。そして、まだその形骸をとどめていた宮殿建物を完全爆破し、同じ場所に東ドイツ人民議会（Volkskammer）の拠点となる共和国宮殿を建設したのです。
この新「宮殿」内には党大会が行われる5000席のホールや、小さなシアター、ボーリング場やレストランも完備されていたといいます。
1990年当時、ドイツ統一を目前にして、共和国宮殿はもう使われなくなっていましたが、ブランデンブルク門からウンター・デン・リンデンを下り、ベルリン大聖堂の向かいにこの社会主義様式の「宮殿」が現れると、「いったいあれは何？」と言いたくなる異様さがたしかにありました。
そのインパクトゆえに、歴史的建造物の宝庫とも言えるこの界隈で、私が一番にドイツ語でその名前を覚えたのが、この「パラスト・デア・レプブリーク」だったのを思い出します。
そして、建設されてから半世紀も経たないうちに、共和国宮殿もベルリン宮殿と同じような運命をたどります。
建造物にアスベストが使用されていたことなどを理由に、共和国宮殿は2008年暮れに完全解体されました。今、2013年の完成を目指して、「東ドイツ政府のもとで不運な運命をたどった歴史的建築」であるベルリン宮殿の再建が進められています。
将来、この場所の不運な歴史が三たび繰り返されないことを願うばかりです。

Berliner Fernsehturm

テレビ塔 – **Berliner Fernsehturm**

東ベルリンの町中にそびえるテレビ塔は、アレクサンダー広場脇という立地や、その類いまれなるレトロフューチャーな容姿、368 メートル（展望台のある高さは 203 メートル）という長身ゆえに、今も昔も人気の的の観光名所です。
テレビ塔が建設されたのは 1965 ～ 69 年にかけてのことでした。完成した 1969 年は、米国の宇宙飛行船アポロ 11 号で人類が初めて月に降り立った年。その翌年の 1970 年は、日本で大阪万博が開かれた年です。西ドイツや日本では高度経済成長の真只中だった時期、東ドイツもまだ社会主義の明るい未来を夢見ていました。当時、東ドイツの子供たちにとって、テレビ塔の上の展望台レストランでアイスクリームを食べる、ということは特別な憧れの的だったのだとか。
ところで私はかつて、このテレビ塔の存在が東ベルリンの町並みの中で、他の何よりも苦手だったのを思い出します。当時まだ、東ドイツが崩壊して間もなかった頃は、このそびえ立つ偉容が巨大な見張り塔のように思えたものです。でも、東ベルリンの再開発が進んだ 90 年代半ば頃、私とテレビ塔の関係に変化が起こります。その頃、開発されてすっかり新しくなった街区で道に迷うと、テレビ塔が見える方向で自分の居場所を確認したものです。そういった経緯を経て今では、「懐かしの社会主義建築」として親しみを感じられるようになりました。
東ドイツの住宅建築を数多く手がけたヘルマン・ヘンゼマンらの設計によるテレビ塔の内装は、21 世紀を迎えた今日でも、当時のレトロな雰囲気をたたえた木目のインテリアのままです。
展望台からは東ベルリンの町並みが一望でき、天気のいい日はもちろん、西ベルリンの風景までとてもよく見渡せてしまいます。
ところでこのテレビ塔、社会主義建築の代表作でありながら、上のミラーボールの部分に日光が当たると、十字架のシルエットが浮かび上がる効果があるのです。当時はそのことが東ドイツ政府の上層部で問題になったのだそう。神様は、信じていない人のもとにも平等に現れるみたいです。

Berliner Fernsehturm　(Map 6P-10)
Panoramastr.1
10178 Berlin
Tel:030-2423333
www.berlinerfernsehturm.de
開館時間：
3 月～ 10 月 9:00-24:00
11 月～ 2 月 10:00-24:00
入場料：10 ユーロ
最寄り駅：Alexanderplatz（U/S）

1 東ベルリンの中心部に、今も偉容をたたえるテレビ塔 2 高さ 203 メートルの位置にある展望台です 3 テレビ塔の中は、昔ながらのレトロなインテリアです 4.5 東ベルリンを歩いていて道に迷ったら、テレビ塔の位置を探して場所を確かめましょう P.44 おみやげに、こんなテレビ塔の模型はいかが？

Alexanderplatz

アレクサンダー広場 -Alexanderplatz

日曜日にお店が閉まっている国があるなんて、ドイツに来るまで想像したこともありませんでした。今でこそ「閉店法」が緩和されて、日曜日も午後から開いているスーパーなどの小売店が増えましたが、20年前は（ドイツの西も東も）お店の閉店時間が平日でも18:30くらいと早く、日曜日は全休だったのです。
私がドイツに来て最初に迎えた日曜日は、その恐るべき事実を知らなかったがために、波瀾万丈な1日となりました。前日、何も買い物をしていなかったので。そのとき、パンコウという閑静な住宅街に住んでいた私は、市電と地下鉄に乗ってアレクサンダー広場までたどりつき、命からがらに駅の売店でパンを買うことができたのですが、その思い出は一生忘れることがないと思います。
アレクサンダー広場駅は東ベルリン市内交通のターミナル駅で、当時まだベルリンに来たばかりだった私にも、「アレクサンダー広場まで行けば、何とかなるはず」という野性のカンのようなものがあったのです（もう少し知恵があったら、西ベルリンまで行ってマクドナルドを探したと思いますが）。
さて、そんな大恩のあるアレクサンダー広場。すぐ近くにはテレビ塔がそびえ、歴史的建造物が立ち並ぶウンター・デン・リンデンの壮麗な町並みと、パネル建築が立ち並ぶ社会主義国家的風景のちょうど中間に位置しています。「ベルリンの壁」が開く直前の11月4日には、ここでかつてない大規模な民主化要求デモがあり、歴史の転換点の役割を担った場所でもあります。
この広場には1969年につくられた、テレビ塔と同い年の「世界時計」が立っています。全長10メートルのこの時計は、とにかく何かと威圧的なスケールの大きさで迫って来る社会主義建築の中にあって、手頃な大きさでかわいらしく、心なごませるスポットです。
世界各国の都市名が記されて、各都市の時刻がひと目でわかるという世界時計。でも、東ドイツ市民が旅行の自由を制限され、それらの国のほとんどを訪れることができなかったという皮肉が思い出されます。
ところで日本時間を見ようとすると、資本主義圏のトーキョー、ソウルよりも上に、共産主義圏のピョンヤンが刻まれているところがレアな感じがします。

Alexanderplatz　(Map 6P-11)
最寄り駅：Alexanderplatz（S/U）

1

2

1 アレクサンダー広場からテレビ塔を見上げます 2 広場の中央には、市民の憩いの噴水が 3 1969 年築、テレビ塔と同い年の世界時計です 4 日本時間の部分に注目！　ピョンヤン、トーキョー、ソウル、と刻まれています

3

4

Volkseigentum

「国民の所有財産」という名のアート -Volkseigentum

フォルクスアイゲントゥム（Volkseigentum）というのは、ちょっと耳慣れないドイツ語です。直訳すると「国民の所有財産」という意味なのですが、これは旧東ドイツにおいて、政府の委託により制作され、または政府が買い上げて、官公庁などの公共施設に飾られていた芸術作品を指します。代表的なものは指導者の肖像画や、「社会主義の明るい未来」をイメージしたもの、労働者の姿を描いたものなど。それにしても、平等な理想社会を目指していたはずの社会主義国家の方が、指導者を偶像化する傾向があったことに尽きせぬ興味を覚えます。
東西ドイツ統一後、これらの芸術作品はすべての施設から取り去られ、ベースコフにあるアートアーカイブに収められて、東ドイツの「負の歴史」とともに「お蔵入り」となっていました。
再び日の目を見ることになったのは、2008年9月26日のこと。アレクサンダー広場近くにオープンした展示スペースで、貴重な歴史の記録ともいえるこれらのアート作品が一挙に公開され、常設展示されています。
作品群には、予想通り全体主義的色彩が強いもの、典型的なプロレタリア・アートもあれば、意外に巧みな風刺を効かせたアバンギャルドな作品もあります。権

1 Volkseigentum 展示スペース正面 2 ホーネッカー（右）とブレジネフ（左）の記念ショット的絵画 3 ザ・労働者シリーズです 4 街の風景の一部だった労働者の銅像

力の下にありながら、アーティストたちがたくみに表現の自由を行使しようとした軌跡も残っているのです。
この展示を企画したのは、ベルリンで東ドイツ風の内装をコンセプトにしたホテル「オステル」（P63）を経営するダニエル・ヘルビッヒ氏とギド・ザント氏の２人です。かつて最も人目につくところにあったアート作品が、ある時を境に一斉に姿を消した不思議。それが２人の中心テーマとしてあるようです。
この展示のオープニング・レセプションは、１階のスペースに入りきれないほどの招待客でいっぱいになりました。東ドイツの「負の歴史」に属するこれらの遺産を、あえてオープンに見せることで、過去とのより健全な対話が始まる。そんなことを予感させる場所です。

Volkseigentum　(Map 6P-12)
Kunst in der DDR 1949-1989
Spandauer Str.2
10178 Berlin
Tel:030-25768660
www.volkseigentum.eu
10:00-22:00
最寄り駅：Alexanderplatz(S/U)

STASI-Anlagen

シュタージ関連の施設 -STASI-Anlagen

「ホーエンシェーンハウゼンへ出頭せよ」と言われて主人公のヴィースラー大尉は、それが何を意味しているのかを悟ります。映画『善き人のためのソナタ』の一場面です。東ドイツ時代、ベルリンのホーエンシェーンハウゼン（Hohenschönhausen）地区には、通称シュタージと呼ばれた国家保安省、つまり秘密警察の拘置所があったのです。

壁崩壊後、9万1000人の正規職員と18万9000人の非公式協力者(IM)からなるシュタージが、1600万人の東ドイツ市民を監視していたという、東ドイツ政府の暗部が明らかになりました。政治的理由から逮捕された市民の数は推定で25万人に上ると言われています。

私がベルリンで過ごした1990～91年にかけて、ドイツのテレビのドキュメンタリー番組では、本当によくこの話題を見かけたものです。

強く印象に残っているのが、東ドイツから西ドイツへ逃亡しようとして失敗し、引き裂かれた家族の物語でした。両親は刑務所に送られたのち、やがて西ドイツ側に引き取られる形で出国できますが、子供は孤児院に送られ、別の家族の養子に出されてしまいます。

1

2

「壁」が崩れた後、紆余曲折の末に再会がかなうのですが、子供は「実の親は自分を捨てて西へ逃げた裏切り者だ」と周りに言い聞かされて育っていたため、必死の思いで会いに来た親を拒絶するのです。
そういう悲しい物語の影には、いつもシュタージの存在がありました。
また、膨大な量の「シュタージ文書」というのが今も保管されていて、自分のデータがそこに残されている人は、個人的に閲覧することができます。そうすると、だれが自分を監視し、どのような報告が当時なされていたのかを知ることができてしまうわけです。ドイツ統一後、このことによって崩壊した家族や友人関係も数多くあったと聞きます。
この拘置所跡は今では記念館になっていて、ガイド付き見学をすることが可能です。
この場所は第２次大戦後、ソ連軍のドイツ市民に対する拘置施設として使われていました。当時は、ナチスの協力者とされた市民がここに勾留されていたのです。その後1951年代にシュタージが設立され、この場所の機能をソ連軍から引き継ぎます。当時のソ連を支配していたスターリニズムの精神が、こういう形でシュタージに受け継がれたともいえます。
施設跡を見学した中で、私の印象に強く残ったものは、取調室のあまりに日常的な空間でした。色あせたような花柄の壁紙や、70年代調のリノリウムの床など、

3

4

1 シュタージ拘置所跡記念館への方角を示す標識が出ています 2 拘置所周辺に住んでいた住民は、これが何の施設なのかを知らされていなかったと言います 3.4 拘置所内部です。リノリウムの床の柄が「ぼくの通った小学校の床と同じです」とガイドさんが教えてくれました

当時よくあった東ドイツの家庭的なインテリアです。この「日常的な」雰囲気も、心理的なトリックだったといいます。ここで取り調べを受けた人が、時間が経って市民生活に戻ったときも、その恐怖の記憶が日常生活のあらゆる場面でよみがえってくるように仕組んであったのだそうです。
ちなみに、『善き人のためのソナタ』ではこの拘置所の様子が詳しく描かれていますが、実際に撮影が行われたのはここではなかったそうです。映画の描写の、完璧なまでのリアルさに驚きました。

6

7

5 取調室は、不気味なほど「日常的」なインテリアでした 6 こちらはかつての国家保安省本部。今では一般公開されています 7 旧東ドイツ内務省の建物。ここでも常設のシュタージ展が行われています

シュタージ拘置所跡記念館
Gedänkstätte Berlin Hohenschönhausen （Map 8P-13）
Genslerstr.66
13055 Berlin
Tel:030-98608230
www.stiftung-hsh.de
行き方：Landsberger Allee(S) から MetroTram 6 に乗り換え、Genslerstr. で下車。
または、MetroTram 5 に乗り換え、Freierwalder Str. で下車。
※ガイド付き見学ツアー：見学は、ガイド付きでのみ可
月〜金　11:00, 13:00　土日　10:00 〜 16:00 の間で 1 時間おき

シュタージ・ミュージアム（旧国家保安省本部）
Forschungs- und Gedenkstätte Normannenestr. （Map 8P-14）
Ruschestr.103
10365 Berlin
www.stasimuseum.de
11:00-18:00（土日 14:00-18:00）
最寄り駅：Frankfurter Allee（S）, Magdalenenstr.(U)

シュタージ展示施設（旧内務省建物）
Informations und Dokumentationszentrum （Map 6P-15）
Mauerstr.38
Berlin
www.bstu.bund.de
10:00-18:00（日曜休館）
最寄り駅：Unter den Linden（S）, Mohrenstr.（U2）

1

2

Snapshots #1
町中に残るプロパガンダ・アート

映画『グッバイ、レーニン！』は、東ドイツが崩壊したことを病気のお母さんに知らせないように、息子があの手この手で奮闘する話ですが、その中で、さすがにお母さんが異変に気づいたであろう場面がいくつかあります。ひとつは、映画のタイトルにもなっている象徴的な場面、撤去されたレーニン像が空を飛んで行くところで、もうひとつは、お母さんの部屋の窓から見える高層建築にコカコーラの広告が翻る場面です。
ドイツ統一によって、東ドイツから「レーニン」が去り「コカコーラ」がやってくるという新旧交代が成されたわけです。
東ドイツの町中には、いわゆる商業広告というものがほぼ存在しなくて、その代わりに社会主義を礼賛するプロパガンダ・アートがあちこちに見られました。
その多くがドイツ統一によって「レーニン」とともに姿を消しましたが、いくつかのものは記念碑指定されるなどして、今でもその姿をとどめています。

3

4

5

6

7

9

8

1 元祖社会主義の大御所といえばこの方々、マルクス＆エンゲルス像です（Marx-Engels-Forum, Karl-Liebknecht-Str./Spandauer Str.）
2 旧内務省建物前に残る、労働者と語らう警官像。「官と民の近さ」を表そうとした、らしいです（Mauerstr.38）
3 ベルリン・フンボルト大学の中央ホールに輝くカール・マルクスの格言
4 絵本のような素朴なタッチで描かれた「いきいきと働く労働者たち」の姿（Haus des Lehrers, Alexanderplatz 4）
5「明るい社会主義の未来」を描いた壁画。このタイルは1952年、マイセンの磁器工房でつくられたものだそう（Wilhelmstr.97）
6 Sバーンの Pläterwald 駅前に立っていた、軽やかな足取りの若い男女像。目指す先は希望の未来？
7 東ドイツの初代大統領、ヴィルヘルム・ピークのレリーフも残っていました（Strausberger Platz）
8 戦後、がれきの山となったベルリンの町を片付けた女性たちへのオマージュ「がれきの女（Trümmerfrau）」像。赤い市庁舎前に立っています（Rathausstr.）
9「がれきの女」像と対になって立っているのが「手伝う男（Aufbauhelfer）」像（Rathausstr.）
10 映画館、キノ・インターナツィオナールの側面に刻まれた壁画（Karl-Marx-Allee 33）

10

統一後も残された「英雄」の名前

ドイツ統一後、通りや広場の名前に東ドイツ時代の政治家の名前がついていたものはすべて改名されましたが、その中でも東ドイツならではの「英雄」の名前はいくつか残されました。ナチス台頭の前夜に暗殺された共産主義者ローザ・ルクセンブルクやカール・リープクネヒトはその代表格。そして第２次大戦時、日本でスパイ活動を行い処刑されたリヒャルト・ゾルゲの名前も見られます。

Kolumne #2
電話のない世界

1990～91年にかけて東ベルリンに暮らしたとき、私は外国人研究者向けの寮に住んでいました（私自身はただのおのぼりさん学生だったのですが、運良くそのようなところに住んでいました）。
一般の学生寮に比べるとかなり恵まれた環境にいたわけです。そのシンボルともいえるもののひとつが、寮内にあった「電話」でした。
東ドイツでは電話網の普及が極端に遅れていて、1989年の時点で電話を持っていたのは全世帯のごく10%くらいだったと言われています。統一後も、すぐには電話回線は普及しませんでした。当時はまだ携帯電話やインターネットが世に広まる以前のこと。緊急連絡手段は「電報」という前近代的な世界で、私は1年間右往左往することになったわけです。
思えば私は、寮の電話を使った記憶がほとんどありません。この電話にはなぜか統一後も、東ドイツ国外にはかかりにくいという困った特徴があったのと、連絡したい相手がほぼだれも電話を持っていなかったからです。
あの頃は人と会ったらそのときにもう、次回の待ち合わせ場所や約束の日時を決めていました。だれかのところにいきなり直接、訪ねて行くというのもアリでした。ほかに連絡の仕様がなかったわけですから。

ごくたまに、私以外にも「住居に電話を持っている」人に出会うことがありました。そのことを別の留学生仲間に話すと、「そいつ、絶対にヤバい奴だよ」といらぬ不安を煽られたものです。当時の東ドイツ社会では以下の要因があると、「この人はシュタージ（秘密警察）関係者なのでは？」という疑惑を呼び起こしやす

かったことを知りました。

1　自宅に電話を持っている。
2　「ベルリンの壁」のすぐ近くに住んでいる。
3　資本主義圏の外国に出かけることができる。

1はすでに書いたように、電話の普及率がはなはだ低かった一方で、党や軍、シュタージ関係者には優先的に電話が与えられていた実情が背景にあります。
2と3はいずれも、「東ドイツから逃げる心配のない人」に与えられる特権だと言われていました。「ベルリンの壁」の近くに住み、自宅の地下室からトンネルを掘って逃げた人たちもいたくらいなので。

さて、ドイツ統一から数年が経つと、一般家庭に電話が普及するより早く、町中や郵便局にも公衆電話が増えて行きました。そして統一から10年経った頃には、ドイツでも携帯電話やインターネットが爆発的に普及し、今では、人はどこにいても連絡がつく状態であることがふつうになりました。

でも、世の中が便利になって、「すぐに電話で連絡がつく相手」はいても、「いきなり訪ねて行くことができる相手」は少なくなりました。後者の方が、人間関係としては濃密な感じがします。そんなあのときの不便さが、ときどき無性に懐かしかったりして。

Parkschein-
automat
Hier
Parkschein
lösen

Eis - Café Surprise
Zum Mitnehmen

Neues Deutschland
Neues Deutschland
Sozialistische Tageszeitung
Durch Tschernobyls »Zone«
Sozialdemokraten im Sturmtief
Parteilinke fordern Abkehr vom Agenda- und Regierungskurs der letzten zehn Jahre

KARL MARX
1818-1883

Neues Deutschland

第3章

市民生活
—センチメンタル・オスタルギートリップ

オスタルギー（Ostalgie）というドイツ語を巷でよく耳にするようになったのは、90年代後半頃からでした。Ost（東）とNostalgie（郷愁）を掛け合わせた造語で、東ドイツ出身者が当時を懐かしむ感情を指します。
映画『Sonnenallee（ゾンネンアレー）』が公開されたのが1999年。オスタルギー映画の草分けとも言えるこの作品は、東ドイツのごくふつうの若者の日常をコミカルなタッチで描き、ちょっとしたセンセーションを巻き起こしました。それはこの作品が、東ドイツを描いたものとしてはおそらく初めての「明るく」「バカバカしい」「ポジティブな」映画だったからだと言えます。
原作者のトーマス・ブルスィヒは「過去を懐かしむことは、人間のごく自然な心の動きだと気づいた」と語っています。懐かしむべき過去には「いいもの」もあれば「悪いもの」もあり、「いい」とも「悪い」とも言えないものもあります。
東西ドイツ統一は、ベルリンの壁崩壊から1年足らずの間に成立しました。ごく短い時間の間に、東ドイツという国は消滅してしまったのです。そして、そこに暮らしていた人々の日常風景も、急激に変化しました。そのあまりな急激さが、逆に人々の「昔を懐かしむ」気持ちを強めているように思えます。
ここでは、そのセンチメンタルなオスタルギー気分にちょっと浸ってみたいと思います。

DDR Museum

東ドイツ・ミュージアム -DDR Museum

私の周りの東ドイツ出身者にこのミュージアムについて尋ねると、かなり極端な賛否両論がありました。一方は、「いいんじゃない？」という肯定的な感想。もう一方は「ふざけるな」というかなり否定的な、それも激しい怒りをともなった感想です。
たしかに、後者の気持ちはわからないでもありません。限られた展示スペースの中で、40 年間存在した国の生活様式を体感できるように展示する、ということ事態に無理があるのですから。
やや薄暗い館内に入るとまず、東ドイツ国産車トラバント（601 モデル）の姿が目につきます。走らせることはできませんが、来館者が試乗することができるという楽しいオプション付きです。実際に乗ってみると、車中は本当に狭くて、閉塞感を感じます。閉めたドアが中から開かなくなったときは、かなり焦りました。
フロアの中央には、東ドイツ社会で各職業にどういう経歴の持ち主が従事し、どのくらいの収入を得ていたのかが写真入りで紹介されているコーナーがあります。社会主義国家の特徴で、いわゆるホワイトカラーとブルーカラーの労働者の収入に大差がなかったケースが紹介されています。

1

2

3

1 東ドイツ・ミュージアム外観です。橋のたもとにあります 2 フロア中央にある、東ドイツにおける仕事事情のデータ 3 だれでも絶対やりたくなる、トラバントの試乗。目の前にモニターがついていて、ドライブ・シミュレーションも可能 4「東ドイツ」の居間をみごとに再現した空間

そして一番奥にあるのが、東ドイツの典型的な居住空間を再現したスペースです。居間のテレビからは東ドイツのニュース番組が流れ、党大会の様子が映し出されています。
このほか、東ドイツでおなじみだった生活用品や、食器類、ファッションなども展示され、余暇の過ごし方として一般的だったヌーディストビーチの衝撃映像（？）もあります。
こう要約してみると、東ドイツの人は安っぽくて小さな車に乗り、物資の乏しいシンプルな生活を営み、教育を積んでも教育を積まなくても暮らし向きはあまり変わらず、テレビからは「社会主義がいかにすばらしいか」というストーリーが常に流れ、余暇といえばヌーディストビーチで過ごすこと……といった短絡的なイメージを描かれかねません。いやこれも、何もまちがっていることではないのですが。
このミュージアムに対して不快感を持つ東ドイツ人の感覚を理解するためには、その昔、日本に数日しか滞在したことのないドイツ人から「日本のテレビではいつも、チャンバラ映画ばっかりやっているよね。それは日本人が、殺し合いを見るのが好きだからだと思うよ」と確信を持って言われたときの不快を思い出す必要がありました。
いずれにしても、「ものごとを一面だけで判断してはいけない」と肝に銘じてお

くのはよいことです。
それでもこのミュージアムは、「東ドイツって、どういうところだったの？」という旅行者の素朴な疑問に対し、わかりやすく、コンパクトに見せているミュージアムだと思います。
東ドイツ・ミュージアムが完成したのは2006年のこと。ドイツ統一から10年以上経って、東ドイツが「歴史」になり始めた頃だとも言えます。「東ドイツ」というととりわけ、社会主義独裁政権やシュタージ（秘密警察）の話がクローズアップされがちな中で、あえて「東ドイツ」の日常生活の様子を紹介するという試みでした。
場所は、ベルリン大聖堂を見上げるリープクネヒト橋のたもとです。
それにしても、館内の照明の暗さが気になります。昔の東ベルリンの、夜の町の暗さが思い出される感じです。

5 電話は持っていない世帯が多い、ぜいたく品でした。横に置いてあるのは、モード雑誌の「ジビレ」6 ベルリンの壁の様子を克明に再現した模型も展示されています

DDR Museum Berlin　(Map 6P-16)
Karl-Liebknecht-Str.1
10178 Berlin
Tel:030-847123731
www.ddr-museum.de
10:00-20:00（土曜 10:00-22:00）
最寄り駅：Alexanderplatz(S/U)

1～6 写真提供：DDR Museum

Ostel

デザインホテル・オステル -Ostel

1

70年代テイストのレトロでチープなインテリア、色あせたような花模様の壁紙。各客室の壁には、東ドイツの指導者だった政治家のポートレートがかかり、ロビーにおいてある新聞は「ノイエス・ドイチュラント」（前身は社会主義統一党の機関紙。現在も左派系日刊紙として発行中）一紙のみ。最初は何かの冗談だろうと思いました。
「オステル」は、東ドイツ時代の生活空間をコンセプトにしたユニークなデザインホテルです。
「東ドイツ時代の生活空間」とはいっても、かなりポップにスタイリッシュにつくっているので、空間にはどこか明るさがあります。建物も典型的な東ドイツのパネル建築を利用したものですが、壁面がライトグリーンに塗られていて、軽いポップなイメージを演出しています。
このホテルは2007年5月、東駅（Ostbahnhof）裏にオープンしました。周辺にはパネル建築の高層住宅が並び、駅の反対側にはイースト・サイド・ギャラリーが広がっている、絶好のオスタルギー的ロケーションです。
東ドイツ出身の経営者、ダニエル・ヘルビッヒ氏とギド・ザント氏の２人は統一後、あらゆる「東ドイツ的なもの」が急速に身の回りから姿を消して行ってしまったことに違和感を受けていました。テレビのドキュメンタリーで取り上げられる「東ドイツ」は、シュタージに関するものばかり。なぜ「東ドイツ」のすべてがネガ

2

3

1 レセプションに並ぶ時計の時刻は、モスクワ、ハバナ、ベルリン、北京 2 レセプションに置かれている新聞はもちろん「ノイエス・ドイチュラント」一紙のみ 3 部屋の正面にかかっているのはホーネッカー書記長の肖像画です 4 経営者のダニエル（左）さんとギドさん（右）。東ドイツ時代はサーカスの団員をしていたという、気さくで明るいおふたりでした

OSTEL （Map 7P-17）
Wriezener Karree 5
10243 Berlin
Tel:030-25768660
Fax:030-25768807
www.ostel.eu
最寄り駅：Ostbahnhof(S)

ティブに語られなければならないのか？　その思いが、このホテルのアイデアにつながりました。ここは、東ドイツのパロディであると同時に、オスタルギーに浸れる空間となっているのです。
「東ドイツの国家体制やイデオロギーを肯定しているわけじゃない。ただ、僕らが生きていた生活空間のありのままを再現したいと思ったんだ」
と２人は話してくれました。
ダニエルさんとギドさんの２人は東ドイツ時代サーカスの団員をしていて、当時の東ドイツ人の中では例外的と言っていいほど、いろいろな外国へ旅行する機会があったのだそうです。そんな経験を踏まえて見るドイツ統一は、彼らの目にはまた違って映っていたのかもしれません。
彼らはこのホテルに続いて、東ドイツ時代の政府御用達アートの展示を企画したり（48p）、やはり東ドイツをコンセプトにしたレストラン経営も計画中です。
このホテルの客層の半分はドイツ人だそうです。そしてその中では、好奇心で訪れる西ドイツ出身の人が圧倒的に多く、80％を占めているとのこと。
ちなみに私は客室に通されたとき、懐かしさのあまり目まいがしました。そこは、私が一番最初に住んだ東ベルリンの寮の部屋に瓜二つだったので。でも今改めて、お金を払って泊まるかと言われると、少し考えてしまいます。かつて１年近く住みましたので、もう十分かなと。

4

Karl-Marx-Allee

カール・マルクス・アレー -Karl-Marx-Allee

スターリン・アレー（注：「アレー」は大通りの意）。1949～61年にかけて、旧ソ連の独裁者の名前を冠してそう呼ばれたこの通りは、ベルリンの壁崩壊後の1990年に記念碑指定されました。それによって「社会主義的景観」のひとつのサンプルが、そのままの形で残されることになったのです。
まるで宮殿を思わせるような、豪華なセラミックのファサード建築は圧巻です。かつての「社会主義の理想」を体現すべく、華やかなショッピング＋レストランエリアとして構想されたこの通りは、スターリンの死後、1961年に現在の「カー

ル・マルクス・アレー」(Map 7P-18) へと名前を改めました。でもその頃から、東ベルリンの娯楽の中心エリアは市街中心部に移って行き、この通りが脚光を浴びるのは1年に1回、軍事パレードの時だけになってしまったといいます。
大きすぎる道幅、威圧感さえ与える立派な建物に対して、人通りの少ない閑散とした感じが、何となく孤高の独裁者を連想させます。まるでこの場所だけ、時が止まって忘れられてしまっているかのようです。

カフェ・ジビル

戦後間もなくミルクバー（Milch-trinkhalle）として始まった古いカフェ。ドイツ統一後はいったん閉鎖になっていましたが、新しいスポンサーを得て新装開店したのが今のお店。表の電光看板は当時のままです。

カフェの奥は、カール・マルクス・アレーの歴史を紹介するギャラリーになっていて、店内にも往時の雰囲気をところどころに見ることができます。

Café Sybille
Karl-Marx-Allee 72
10243 Berlin
最寄り駅：Strausberger Platz（U5）

キノ・インターナツィオナル

「社会主義の理想」を描いた白い壁面は、今ではすっかり薄汚れてしまったけれど、映画館は健在で営業中。ベルリン映画祭のときは会場のひとつになります。

Kino International
Karl-Marx-Allee 33
10178 Berlin
Tel:030-24756011
最寄り駅：Schillingstr.(U5), Alexander Platz(S+U)

カール・マルクス書店跡

映画『善き人のためのソナタ』の一番最後の場面で、主人公が通りかかって本を買うのがこの書店。通りの名前をそのまま冠した店名が目を引く名物書店だったのに、2008年に店舗が移転してしまいました。残念。

Karl-Marx-Buchhandlung

ツェー・エス・アー

もとはチェコ航空のオフィスだった場所を、当時の雰囲気を意識しつつすてきに改装したバー。夜の時間のみオープンしていますが、カフェとしても利用できます。

CSA
Karl-Marx-Allee 96
10243 Berlin
最寄り駅：Weberwiese（U5）

Osseria

レストラン・オッセリア -Osseria

「東ドイツって、どんなところだったんですか？」
ドイツ統一後、ポツダム広場にあるイタリアンレストランで働いていたアンドレア・アンスマンさんは、訪れる観光客の人たちからよくそんな質問をされたそうです。その後、独立してレストランを経営するようになってからも、そのことが何となく頭の隅に残っていました。
そこから、「レストラン」というツールでもって「東ドイツ」のことを紹介できるのでは、というアイデアに至ります。そうして2000年に「オッセリア」を始めました。「オッセリア」は、東ドイツの日常にあった家庭風料理を中心にしたドイツ・レストランです。
メニューづくりは、経営者のアンドレアさんが「自分の子供時代に食べていたもの」を思い出すところから始まりました。友達のお母さん、レストラン経営者などにリサーチして、東ドイツでポピュラーだったドイツ料理をリーズナブルなお値段で提供するレストランが実現したのです。

メニューには「焼きソーセージとザワークラウト、ジャガイモ」「特大ロールキャベツ」など、一般的なドイツ料理としておなじみのものもあれば、「ソーセージ入りグラシュ」「ホウレンソウとジャガイモ、卵料理」など東ドイツならではの素朴な料理も並んでいます。

飲み物には、東ドイツ製のクラブ・コーラ。デザートには、明らかにお手軽デザートミックスでつくったらしき、チョコレートプディングやパンケーキがあり、東ドイツファンにはたまらない、ツボを押さえたラインナップといえます。

ちなみに私にとって、東ドイツの懐かしの料理ナンバーワンは、ロシア風スープ「ソリャンカ」です。細かく刻んだサラミやピクルスなどが入ったコクのあるスープで、「夕べの残りものを入れた」風なところが気に入っていました。昔はよく大学のメンザ(学食)やスポーツクラブの食堂にもあったポピュラーなスープだったのですが、最近ではすっかり見かけなくなりました。しかし当然、オッセリアのメニューには入っています。

店内には、東ドイツの雑貨が所狭しと飾られ、くつろいだアットホームな雰囲気がかもし出されています。常連客の80%は東ドイツ出身の人だそうです。

2

3

1 オッセリアの店内。くつろげる空間です 2 なつかしのソリャンカ・スープ(3,15ユーロ)です！ 3 一番シンプルなメニュー、ホーレンソウとゆでたジャガイモ、オムレツの組み合わせ(5,90ユーロ)

4.5 店内には、所狭しと東ドイツの雑貨や絵本が置いてあります
6 経営者のアンドレアさん

Osseria　(Map 7P-19)
Langhansstr.103
13086 Berlin
Tel:030-96068525
www.osseria-berlin.de/restaurante.html
年中無休　11:00-
行き方：Alexanderplatz(S/U) から MetroTram 4 に乗り換え、Antonplatz で下車。さらに Tram12 に乗り換え、Friesickestr. で下車。

Eiscafe Surprise

アイスカフェ・サプライズ **-Eiscafe Surprise**

このカフェを教えてくれたのは、同じ通りにある「オッセリア」のオーナーでした。アイスカフェ「サプライズ」は 1979 年創業、「オッセリア」は 2000 年創業なので、同じ東ドイツ風のお店といっても若干異なりますが、近くに並び合っているのはうれしい偶然です。
「サプライズ」は、東ドイツ時代から今に続く貴重なカフェです。社会主義国家だった東ドイツですが、飲食関係では個人経営のお店が結構あったのだそうで、ここもそのひとつなのです。
こげ茶色の木目の壁や、手作り風のロゴやデコレーションなど、昔のテイストをそのまま残した感じが、私自身の子供時代にも直結しているような身近さを感じます。それは、外出して喫茶店に連れて行ってもらって、そこでアイスやケーキを食べられることが特別な喜びだった、あの子供時代の感覚がよみがえるような感じです。
内装はトラディショナルなウィーン風カフェのスタイルを踏襲していて、いかにも昔風の古き良き雰囲気のお店です。そう、どちらかというとおばあちゃんたちが集まりそうなタイプのお店なのですが、温かみと品の良さがあるだけでなく、

かわいらしくてポップで、おばあちゃんたちだけに独占させてなるものか、という気持ちがふつふつと沸いてきます（実際の客層はさまざまです）。
ドイツ統一後、西側のスタイリッシュなカフェやチェーンのコーヒーバーに押されて、昔からの個人経営のお店が次々と姿を消す一方で、ここは往時のスタイルを保ってきました。場所は、にぎやかな界隈とは言いがたい、ヴァイセンゼー地区の住宅街です。同店経営の秘訣はいったいどこにあるのでしょう？
「当時と同じお菓子マイスターが作り続けている、自家製ケーキのクオリティの高さには自信があります。それを良心的なお値段（1ピース 1,45 〜 1,95 ユーロ）で提供しているので、お客さんはベルリン中からやってきますよ」
と、店長のミヒャエラさんは笑顔で話します。
政治体制や世の中が変わっても、変わらずにあるものの貴さが、この小さなカフェにはあるような気がします。

1 こげ茶色の木目の店舗。懐かしさを誘う外観です 2 自慢のケーキ・カウンターと、このお店の一人娘のヴィキ。ときどきお店を手伝っています 3 内装は、トラディショナルなウィーン風カフェです 4 ゆったりと、午後のコーヒーのひとときを楽しみます

4

Eiscafe Surprise (Map 7P-20)
Langhansstr.136
13086 Berlin
www.eiscafe-surprise.de
9:30-19:00（土日 13:30-19:00）
行き方：Alexanderplatz(S/U) から
MetroTram 4 に乗り換え、Antonplatz で下車。

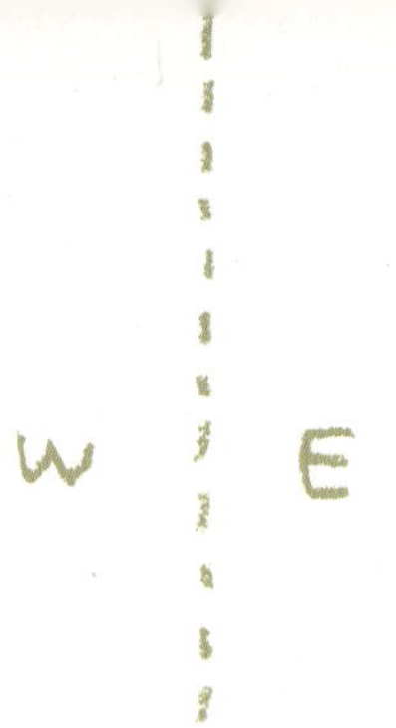

Sonnenallee

ゾンネンアレー – **Sonnenallee**

５キロメートルにわたる大通りの終わりの、ほんの 60 メートルだけが東ドイツ側だったというゾンネンアレー（Map 9P-21）。直訳すれば「太陽大通り」というすてきな名前を「スターリンが気に入って、この通りの一部をソ連占領地域に組み込んでしまったのだ」と映画（『Sonnenalle』）にもなった小説『太陽通り – ゾンネンアレー』の主人公ミヒャエルは想像します。彼は納得がいかないのです。1945 年に行われたポツダム会議で、ベルリンの分割統治が決まったときに、チャーチルがもう少しがんばってくれれば今頃、西に住んでいたのにと。
実際は、もともとの地区割ごとに境界線は決められたのですが、数メートルの違いで西側に住むか東側に住むかを決定づけられた運命の奇妙さを、この通りの分断状況は物語っているかのようです。
私は西ベルリンのノイケルン地区から、ゾンネンアレーを歩いてみたことがあります。そのときはゾンネンアレーの全貌を頭によく入れずに、地図も持たず、どこかで西が終わって東が始まると思いながらたらたら歩いていたのですが、そんな歩き方ではいつまでたっても東へ行き着けるはずがありません。途中で何度か、道行く人や、通りに面しているケバブ屋さんなどに尋ねました。
「あのう、もしかしてここはもう東でしょうか？」
「ここはゾンネンアレーだ。西に決まっているだろう」
そんな答えが返ってきました。
ゾンネンアレーの東側にいた少年が切なく西を思っていたのに対して、西側の人は、通りの端っこが東側にあるなんて、実はあまり知らなかったのかもしれません。そんなことを考えながら、結局その日は東に行き着くことができなかった、切ない散歩のひとときでした。

1 運命の分かれ道となった境界線跡。ここに検問所がありました 2 かつての両替所が、今は売店になっていました 3 ここが、ゾンネンアレーの終わる場所。東の果てです

1

Traditionelle Bäckereien

老舗パン屋さん -Traditionelle Bäckereien

近年、ドイツ全体でめっきり少なくなってしまった、昔ながらの伝統的なパン屋さん。しかし、パン屋業が完全国有化されていなかった東ドイツ時代には、ベルリンだけで300軒以上の家族経営のパン屋さんがあったのだそうです。その中でいくつかのパン屋さんは、統一後もたくましく生き残っています。
昔ながらのパン屋さんは、小さな店舗の奥にパンを焼く工房があります。彼らにとって「焼きたて」というのは、本当に店の奥で仕込んで焼いたパンが、たった今出て来た状態を指すのです。
ここでは、ベルリンのパン屋職人組合からすぐれたパン屋さんに贈られる「金のブレッツェル賞」のお墨付きをもらっている、オススメのお店を3軒ご紹介します。

1 1906年創業の老舗パン屋。従業員10人で切り盛りする小さな店舗は、いつもひっきりなしにお客さんでにぎわっています 2 東ドイツ時代は材料不足で、よく郊外の農村に車で出かけて行っては季節の果物を買い付けて、ケーキを焼いたのだそうです 3 「昔と変わらないレシピで、毎日焼きたてのパンを店で売る。それを続けてきただけです」と店主のジーベルトさん夫妻 4 焼きたてのシュリッペ（小型の丸パン）です。1個20セントとお買い得で絶品です！ 5 ミッテ地区の人気のエリアにひっそりとたたずむ、昔ながらのロマンチックな感じの店構えです 6 ベルリンの中心街から離れた静かな住宅街にあります

（写真1～4）
Bäckerei Lars Siebert
（ベッカライ・ラース・ジーベルト）
（Map 7P-22）
Schönfließerstr.12
10439 Berlin
Tel:030-4457576
最寄り駅：Schönhauser Allee(S/U2)

（写真5）
Bäckerei&Konditorei Balzer
（ベッカライ＆コンディトライ・バルツァー）
（Map 7P-23）
Sophienstr.30-31
Tel:030-2826537
最寄り駅：Weinmeisterstr.(U8)

（写真6）
Bäckerei&Konditorei Rauch
（ベッカライ＆コンディトライ・ラオホ）
（Map 8P-24）
Sandinostr.14
13055 Berlin-Hohenschönhausen
Tel:030-9704148
行き方：Landsbergerallee(S) から MetroTram 6 に乗り換え、Altenhofer Str. で下車。

シュヴァルツコップ・シュトラーセ駅
(Schwarzkopf Str.)
ウルブリヒト・スタジアム駅（1951年）→世界青年スタジアム駅（1973年）と、東ドイツ時代に何度も名前が変わりました（Map 7P-25）

ツィノヴィッツァー・シュトラーセ駅（Zinnowitzer Str.）
検問所があった、シュプレー川の運河沿いの近くです（Map 7P-26）

オラーニエンブルガー・トア駅
(Oranienburger Tor)
駅周辺は今では、アートスペース「タへレス」や、カフェが立ち並ぶ人気のエリアです（Map 7P-27）

Snapshots #2

幽霊駅へようこそ！

「壁」が開いて間もない頃のベルリンの町には、不思議なものがいくつもありましたが、そのひとつが地下鉄などのガイスターバーンホーフです。
ドイツ語で「ガイスターバーンホーフ（Geisterbahnhof）」とは、直訳すると「幽霊駅」を意味し、「使われなくなった古い駅」「建設されはしたけれど使われていない駅」を指します。
ベルリンで「ガイスターバーンホーフ」という場合は、「ベルリンの壁」が建設されたために使われなくなった駅を指すことがほとんどです。東と西をつないでいたため、断絶されてしまった路線の中間地点に位置していた駅や、「壁」のすぐ近くを走っていたため使われなくなった駅。そして中でも、西から東へ抜け、また西へと通っていた路線は、象徴的な存在です。地下鉄のU6とU8がそれに当

フランツェージッシャー・シュトラーセ駅（Französischer Str.）
フランス大聖堂の近く。この駅を出ると、今では華やかなショッピング街が広がっています（Map 6P-28）

シュタット・ミッテ駅（Stadtmitte）
駅名の意味はまさに「町の中心」。地下鉄のU2も乗り入れています（Map 6P-29）

たります。
「壁」の建設と同時に、U6とU8の路線の東側にあったすべての駅が、唯一トランジット用とされたフリードリヒシュトラーセ駅を除いて閉鎖されてしまいます。しかしその後も地下鉄は、西ベルリン市民を乗せて走り続けました。これらの閉鎖された駅をすべて通過して。
そんな東ベルリンの「ガイスターバーンホーフ」の多くが、「ベルリンの壁」崩壊からドイツ統一までの1年間に、相次いで復旧していきました。しかし、28年の間「幽霊屋敷」だった家にいきなり灯りがともって、「今日から人が住んでいるんだよ」と言われても、にわかには信じがたいのと同じように、これらの駅にはそこはかとない不気味さがただよっていました。その駅から地下鉄に乗った

ベルナウアー・シュトラーセ駅
（Bernauer Str.）
「ベルリンの壁」が残されている、
同名の通りのすぐ近くです
（Map 7P-30）

ローゼンターラー広場駅（Rosenthaler Platz）
駅から地上に上がってくると、カフェのひしめく大きな交差点に出くわします（Map 7P-31）

ヴァインマイスター・シュトラーセ駅
（Weinmeister Str.）
人気のスポット、ハッケッシェ・ヘーフェがすぐそばにあります（Map 7P-32）

アレクサンダー広場駅（Alexanderplatz）
いくつもの地下鉄が乗り入れているアレクサンダー広場駅の中で、U8だけが閉鎖されていました（Map 7P-33）

ら、どこか不思議の国に連れて行かれてしまうんじゃないかという、メルヘンな妄想を抱いたりもしたものです。そういうわけで、小心な私は、当時これらの復旧したばかりの地下鉄駅をなるべく使わないように心がけていたものです。

「ベルリンの壁」ができる前のベルリンは、西ドイツと東ドイツのふたつの国家にまたがりながらも、「ベルリン」というひとつの町でした。つまり、東に住みながら西に職場があったり、買い物に行ったりするという、国境を行き来する営みが日常の中にあったのです。

この地下鉄に乗ると、そのことを実感することができます。夜遅くに乗ってみると、さらにちょっと心細い雰囲気が味わえてよろしいかと……。

ヤノヴィツ・ブリュッケ駅（Jannowitzbrücke）
「壁」が崩壊した２日後の1989年11月11日に、東から西へ行く手段として最も早く復旧したU8のヤノヴィツ・ブリュッケ駅（Map 7P-34）

ハインリッヒ・ハイネ・シュトラーセ駅
（Heinrich-Heine-Str.）
駅の周りには今も、パネル建築の高層住宅が立ち並んでいます（Map 7P-35）

閉鎖されていた中では、最も遅く（1993年11月13日）に復旧した地下鉄U2のポツダム広場駅

ブランデンブルク門の真下にあり、閉鎖されていたSバーンのウンター・デン・リンデン駅。記念碑指定されて、古色蒼然とした感じが残っています

NARVA
LICHTKETTE
EXPOSITION
DDR
MITROPA
Fay
Spee
ATA
1
PFENNIG
GEMOL
Trockenfix-Handtuchkrepp
26 Objektgeschichten
11. Dezember 2003 – 29. Februar 2004

第4章

懐かしの東ドイツ・プロダクト

郷愁というのは不思議な力をもっているもので、昔の懐かしい思い出をとかく美化しがちです。たとえば、子供時代に雪が降ったときの思い出があるとすれば、雪の中で遊んだ「楽しかった」ことは覚えていて、「寒かった」ことを忘れてしまうように。
また、「ないものねだり」をしてしまうのも人間の常。「今はもう手に入らない」という言葉は特別な魔力を帯びています。
社会主義の計画経済とは、市場にモノがあふれる資本主義経済と比較すると、恒常的にモノ不足な状態を意味しました。生活必需品においても、その年の生産量はすべて政府によって決められ、「計画に沿った」「無駄のない」生産ラインが営まれていたのです。クオリティが低く、乏しい原材料を駆使したところで、高級品が生まれる確率はかなり低かったといえます。
でも、だれしも覚えがあるように、モノが不足している中で何かを得たときの喜びは、モノがあふれている中で同じものをもらうより、比較にならないくらい大きいものです。東ドイツ・プロダクトの中でも、人々の「うれしかった」記憶がより多いモノが今日まで生き延びているのかもしれません。

Made in DDR

スーパーで買える「東ドイツ」製品

映画『グッバイ、レーニン！』の中で主人公のアレックスが、お母さんのために東ドイツ銘柄のキュウリのピクルスを探して奔走する場面があります。

ドイツ統一を目前にした1990年7月1日に東西の通貨統合が行われ、これによって東ドイツの市場は一気に西側の商品に占拠された格好になりました。一夜にして、東の製品が姿を消してしまったのです。

計画経済のもとに運営されていた国営企業の多くは解体されましたが、そこから経営を引き継ぎ、有限会社や合資会社として生まれ変わることのできた企業もありました。それによって、かつての東ドイツ製品の一部が市場に復活を遂げます。今も旧東ドイツ地域およびベルリンを中心に、これらの製品はスーパーでふつうに手に入れることができます。しかし、市場経済を生き抜いていく中でパッケージも中身も変化し、当時の面影をとどめるものはもはやその商品名だけ、というモノも多くなりました。ただし、西ドイツの類似商品に比べて割安で、デザインも味も素朴なものが多い、という共通の特長があります。意識的に東ドイツ製品を買う旧東ドイツ出身者が多いのにも、うなずける理由があるわけです。

ビン入りソリャンカ（Döbelner 社）
Döbelner 社は1958年に生産協同組合として設立され、統一後は有限会社に。ビン詰めのソーセージなど、肉類の保存食品を製造しています。東ドイツで一般的だったロシア風スープのソリャンカは、手軽でお値段もリーズナブル。調理法は、小鍋に移して温めるだけ。庶民的なお味です。
Soljanka（380g=1,20ユーロ）

キュウリのピクルス
（Spreewald Konserve Glossen 社）
『グッバイ、レーニン！』で世界的に有名になったピクルス。シュプレーヴァルトは、伝統的にピクルス用キュウリの生産で名高い、ブランデンブルク州の地域名です。統一後、「シュプレーヴァルトのピクルス」を名乗る商品が市場に乱立し、「キュウリ戦争」と呼ばれる事態に発展。最終的にEU議会で「シュプレーヴァルトを名乗る場合は、同地域が生産地であること」が定められました。「Spreewaldhof」ブランドを掲げる同社は、東ドイツの国営企業をじかに引き継いだ有限会社です。
Spreelinge（1,39ユーロ）

ビスケット（Wikana 社）
こっくりした味わいのココアビスケット（Othello）と、バラの花の模様が描かれた丸いバタービスケット（Butterkeks）。Wikana 社の前身は、1906 年に創業された「カント・チョコレート工場」。東ドイツ政権下で国営企業に統合され、統一後は解体の危機に瀕しますが、有限会社として生まれ変わりました。
Othello Keks（0,85 ユーロ）、Butterkeks（0,49 ユーロ）

ヌドッシ（Sächsische und Dresdner Back- und Süsswaren 社）
西ドイツの国民食ともいえるヌテラの向こうを張る、東の横綱ヌドッシ。パンに塗るチョコレートクリームですが、ヌドッシの場合は「ナッツ・ヌガー・クリーム」であることを強調しています。パッケージ上に堂々と輝く「ヘーゼルナッツ 36％」のお墨付き。チョコレートの味わいが強いヌテラに比べて、ナッツのエグみがより利いています。昔はもう少し、色が薄かったように思うのですが、気のせいでしょうか。
Nudossi（200g=1,49 ユーロ）

ショートパスタ（Riesa 社）
巨大なフォークをもってのしのし歩く、かわいいコックさんがトレードマークです。1918 年に消費者組合のメーカーとしてスタートした歴史を持つ同社。第 2 次大戦、東ドイツ時代、そして統一の荒波を乗り越えて、今もザクセン州のリーザに生産拠点を構えています。
Fadennudeln（500g=0,99 ユーロ）

ロシアパン（Dr.Quendt KG）
サクサクとした歯ごたえの、数字やアルファベットの形をした甘いカラメルのお菓子です。東ドイツで国営企業のエンジニアだったクエント氏は、このロシアパンの画期的なオートメーション化を成し遂げ、統一後は有限会社を興して経営を引き継ぎました。
Russisch Brot（100g=0,99 ユーロ）

1970 年当時、東ドイツでつくられていたロシアパンのパッケージです。これなら、今でもイケそうな気がしますが。
（写真提供：Dr.Quendt KG）

ベムヒェン（Dr.Quendt KG）
こちらは、統一後に生まれた同社製品。ベメ（Bemme）とは、ザクセン方言でスライスしたパンのこと。ベムヒェンは、「小さなベメ」という意味です。ライ麦パンのスライスをかたどったスナック菓子で、ほんのりオニオン風味が利いて塩気も控えめ。ポテトチップスより健康的な感じの、ドイツ的スナックです。
Bemmchen（125g=1,50 ユーロ）

パンケーキ・ミックス
(Komet Gerolf Poehle & Co GmbH)
同社は1924年に製粉会社として設立され、東ドイツ時代は国営化されるも、統一後はいち早く、創業者一族による再民営化が実現したメーカーです。東ドイツ時代はアイスクリーム・パウダー（クリームに混ぜて凍らせるとアイスクリームができる）がヒット商品として人気を博しました。現在スーパーの棚では、西側の大御所メーカー「Dr.Oetker」の向こうを張って健闘しています。
Eierkuchen-Mehl（125g=0,70ユーロ）

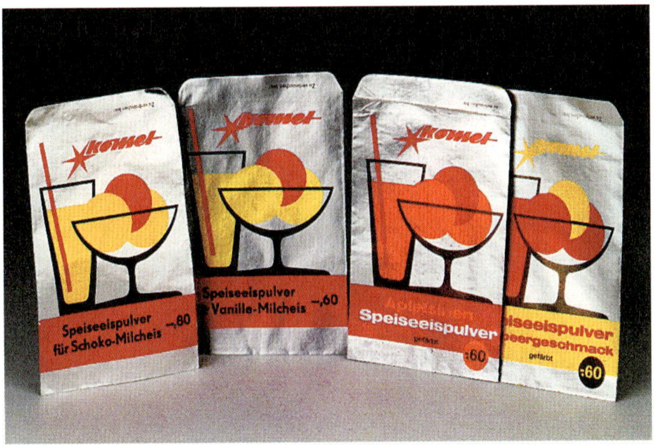

同社の看板商品「アイスクリーム・パウダー」のパッケージの変遷。1970年代のもの(上)と現在のもの(左)
(写真提供：Komet Gerolf Poehle & Co GmbH)

Supermarkt in Ostberlin

東ベルリンのスーパーをのぞいてみましょう

統一後、大々的に全国展開している、スパークリングワインのロートケプヒェン。その名前の意味は「赤ずきんちゃん」なので、いつも赤い帽子をかぶっています（1ℓ =3,99 ユーロ）

東ドイツにもコーラはあったのです。その名も「Club Cola」。青春時代と切っても切りはなせない、パーティー・ドリンク。そのお味は……。駄菓子屋のコーラ飴みたいな感じです（1ℓ =0,79 ユーロ）

ニベアの東ドイツ版、フロレナ（75ml=0,99 ユーロ）。スーパーの棚では必ずと言っていいほど、ニベアの紺色の缶と並んでいます。お値段は、フロレナがニベアの約半分です

より確実に、東ドイツ製品を手に入れる方法

スーパーの棚の片隅で東ドイツ製品を見つけるのではなく、オール東ドイツ製品という環境でお買い物がしたい、というこだわりの消費者のために開催されているのがメッセ「オストプロ」。

1年の間にベルリン、ポツダム、ドレスデン、エアフルトと旧東ドイツの主要都市を巡回して開催される、一般消費者向けの東ドイツ製品即売会です。

提携しているメーカーは132社。この中には、統一後にまったく新しく会社を興し「旧東ドイツ地域を拠点に展開している」という意味での「東ドイツ・メーカー」も含まれています。

今年の開催期日については、サイトを参照！

http://www.ostpro-messen.de/index.php/Ostpro/6/0/

Ampelmännchen

アンペルメンヒェン – Ampelmännchen

ドイツといえば、東でも西でも人々が「信号を守る」秩序正しいお国柄が有名です。あるとき、仕事でヨーロッパ数カ国を旅してからドイツに来た知人が「ドイツ人って、本当に信号を守るよねぇ」と感心していたのを思い出します。
そんなドイツ的メンタリティーに訴える、東ドイツのシンボル的キャラクターが「アンペルメンヒェン」なのです。アンペル（Ampel）は「信号」、メンヒェン（Männchen）は「小さな人」を意味する、信号機記号のデザインです。
このアンペルメンヒェンを発展させた、デザインプロダクトのお店「アンペルマン・ショップ」は、今やベルリン名物として不動の地位を誇っていると言ってもいいでしょう。
このデザインは1961年、東ドイツの交通心理学者だったカール・ペグラウ氏によって考案されたものです。 道行く人の注意を引く、わかりやすく親しみやすい三頭身のシルエットは、東ドイツ中の信号機で使われて人気者になりました。
ペグラウ氏によると、当初、「進め」のマークの麦わら帽子をかぶっている姿が「小市民的である」「社会主義的でない」として一部で物議をかもしたという、社会主義国家ならではのエピソードもあったそうです。
ドイツ統一以降、東ドイツ時代のものが軒並み否定される中で、アンペルメン

写真提供：Ampelmann

ベルリンの街角で、今日も交通安全を守るアンペルメンヒェン

1

ヒェンの信号機も撤廃の危機にさらされました。そんな中、西ドイツ出身の工業デザイナー、マークス・ヘックハウゼン氏が、アンペルメンヒェンのデザイン性に注目。このモチーフを活用したデザインプロダクトを発表したことが火付け役となって、アンペルメンヒェン撤廃反対運動が起こります。救済委員会が設置され、アンペルメンヒェン信号機存続の是非は社会問題へと発展。1997年には晴れて存続が認められました。
かつて、このアンペルメンヒェンの信号機を見かけると「あぁ、今は東ベルリンにいるんだな」と確認できたものですが、今では西ベルリンをはじめ旧西ドイツの他都市にも、このアンペルメンヒェンの信号機を採用するところが増えて、すっかりグローバルなシンボルとなりました。
これは、東ドイツ生まれのデザインが西ドイツを席巻した数少ない一例です。ゆえにアンペルメンヒェンのストーリーは、旧東ドイツ市民のささやかな誇りでもあるのです。
たとえて言うならば、サッカーW杯のドイツ代表に東ドイツ出身選手が選ばれると、西の人は気がつかないけれど、東の人はものすごく力入れて応援している、みたいな。

1 アイデアいっぱいのステッカーも登場 2「手軽なおみやげ」として人気のスポンジ 3 こんなかわいいパスタも！ 4 アンペルメンヒェンをプロダクトデザインとして見出した、マークス・ヘックハウゼン氏 5 アンペルマンのギャラリーショップは人気のエリア、ハッケッシェヘーフェにあります

Ampelmann Galerie Shop (Map 7P-36)
Hackesche Höfe, Hof 5
Rosenthaler Str.40-41
10178 Berlin
Tel:030-44048801
10:00-22:00（日曜 11:00-19:00）
＊11～3月にかけては平日 10:00-20:00 まで
最寄り駅：Hackescher Markt（S）、Weinmeisterstr.(U8)

「VEB Orange」店内の様子です。「VEB」とは、東ドイツの「国営企業」の略称

Möbel und Trödel aus DDR

東ドイツ雑貨の店 – Möbel und Trödel aus DDR

1990～91年にかけて1年間、東ベルリンに暮らしたとき、私は毎月600ドイツマルクの奨学金をもらっていました。これは、当時の購買力を考えると5～6万円くらいに相当する額だったと思います。寮の家賃と健康保険は大学側に負担してもらっていたので、食費を中心とする生活費をこの中からまかなっていたわけですが、それはそれは優雅な生活をしていた記憶があります。それもそのはず、私は留学期間中、生活必需品以外を購入した記憶がほとんどないのです。1年間、洋服も買わなかったと思います。散財するとしたら、オペラを観に行くとか旅行に行くとか、形に残らないものに対する投資でした。ドイツ統一直後も東ドイツでは、日常の中で購買欲をそそられるものに出会う機会が本当に少なかったのです。

そんな私がいよいよ日本に帰国することになり、おみやげを買うのに難儀した思い出があります。「東らしい」手軽なおみやげというモノは見つけ出しにくく、西ベルリンの蚤の市に出かけて行っては、アンティークっぽいものや伝統工芸品を買っていました。

しかし当時、東ドイツ人のお家に招かれることがあると「すてきに暮らしているなぁ」とその都度感銘を受けたのを思い出します。市場にモノがあふれていたわけではない計画経済の東ドイツでは、古いモノや手作りのモノ、または運よく手に入れた貴重なモノを駆使して、人々の生活空間が構成されていました。ひとつひとつのモノに希少価値が大きかったように思います。

さて時は流れ、世は空前の雑貨ブームです。日本の雑貨屋さんでも、「え！こんなものまで」と思えるような、東ドイツ製品に出会えるようになりました。そんな雑貨のベルリンの発信地ともいえるお店のひとつが「ファウ・エー・ベー・オランジェ（VEB Orange）」です。このお店を経営するマリオさんは、手工業の職業訓練を受けてから2000年にベルリンに出てきて、漠然と「小さな飲食店を経営したい」と思っていたのだそうです。そのうち、アンティークショップだった

1 フンボルト大学前に毎日出ている古本市です。東ドイツ時代のものが結構見つかります 2 東ドイツ時代のメダルやバッジです

店舗を引き継ぐことになり、中古の雑貨を扱い始めました。場所は東ベルリンのプレンツラウアーベルク地区。若者が集まるカフェやバーの密集した土地柄でもあり、いまや旧東ドイツの雑貨がひしめく人気のショップになっています。
お店で扱っているものは、生活雑貨、おもちゃ、家具インテリア、古い絵本や雑誌などなど。使われなくなった昔の標識や看板なども見られます。
「この店をやるようになってから、東ドイツ時代のことを語り継いでいくのは旧東ドイツ市民の使命だと感じるようになった。ゆくゆくは、店にあるコレクションを純粋に展示するミュージアムをつくるのが僕の夢」
とマリオさんは語ります。
レトロでゆるいデザインが特徴的な東ドイツの雑貨のひとつひとつには、それらを大切に使ってきた人たちの愛着がとてもたくさん残っているように思えます。
「売り物なんだけど、手放してしまうのがもったいなくてつらいものが結構あるんですよ」
とマリオさんは、自分のお店を愛おしそうに見渡しながら、話してくれました。

1

2

小さな子供用の食器です

目覚まし時計 - Wecker

1 KAREX 社製のカエルの目覚まし時計。秒針といっしょに、カエルの黒目が左右に動く芸の細かさです 2 テレビの子供番組の人気キャラ、ザントメンヒェン（砂まき小人）の目覚まし時計

携帯用歯磨きセット

3 キャンプなどに持って行ける、コンパクトなサイズの歯磨き用ケースです 4 ケースの裏側は鏡になっています 5 こんなふうに、プラスチックのコップになります

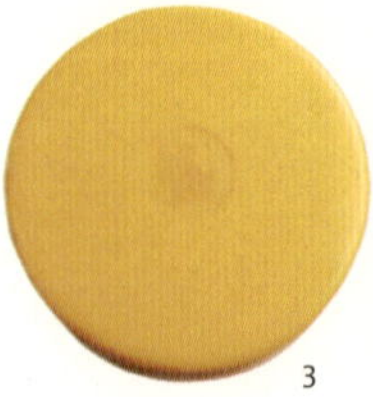
3

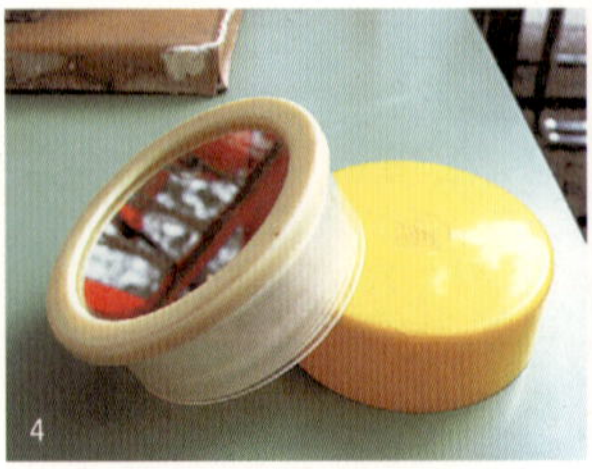
4

5

6

7

ザントメンヒェンたち - Die Sandmännchen

6 店内にいたザントメンヒェンたちに、集まってもらいました。子供番組の最後に、子供たちに「眠くなる砂」をまき、おやすみの時間を知らせる小人です。子供顔なのに白いひげをたくわえ、腰には砂袋をさげています。東ドイツで生まれたこのキャラクターは、統一後も生き残りました。今夜もきっと、砂をまきに現れます 7 東ドイツ時代のザントメンヒェンと、統一後のザントメンヒェンの見分け方は何か？　ズバリ、指の数が違うのだそうです。東ドイツ時代のものは、指が4本、統一後は5本になりました。「妖精」だった小人が、統一後は「人間」になったみたいです

8

9

トイレットペーパー用の帽子

8 旧東ドイツのトイレでよく見かけた手編みの帽子です 9 そう、これはトイレットペーパーにかぶせる帽子だったのですね

10

11

くし - Kamm

10 80年代、このくしをジーンズのお尻のポケットに入れるのが、ファッションとして東ドイツで流行ったのだそうです 11 製品に固定価格が刻印されているのが、東ドイツのオリジナルプロダクトの特徴です。0,99M（M＝東ドイツマルク）と読めます

VEB Orange　(Map 7P-37)
Oderbergerstr.29
10435 Berlin
Tel:030-97886886
http://www.veb-orange.de/
10:00-20:00（日曜休み）
最寄り駅：Eberswalder Str.(U2)

Kolumne #3

ドイツ語の教科書

私が東ベルリンでドイツ語を学んだのは、ベルリン・フンボルト大学附属の外国人学生向け語学コースで、当時はまだ東ドイツで編纂された教科書が使われていました。
黄色みがかったわら半紙のページ、古き良きドイツを感じさせる上品なイラスト……今まで使ったドイツ語の教科書の中で、最も愛着を感じて手放せないでいる1冊です。たとえその中に「レーニンによるマルクス社会主義の発展」や「モスクワ留学帰りのバーバラ」や「自由ドイツ青年同盟の集会」が満載されていても。
この教科書を通して垣間見える東ドイツ社会を、ちょっぴりご紹介いたしましょう。

24

DDR-Bürger reisen gern

Im Ausland trifft man sie überall: auf dem Roten Platz in Moskau, am Schwarzen Meer in Bulgarien, im rumänischen Mamaia, an der polnischen Ostseeküste, auf dem Wenzelsplatz in Prag, am Balaton in Ungarn, in großen Städten, in kleinen Dörfern, in Hotels oder auf Zeltplätzen. Immer und überall ist jemand dort: Der hat die gleiche Kamera wie wir, er sieht uns an, lächelt freundlich und sagt – auf sächsisch –: Ach, guten Tag, Sie sind wohl auch aus Leipzig? Ja, man ist auch aus Leipzig, oder: Nein, man ist nicht aus Leipzig, aber aus Berlin, aus Rostock, aus Dresden oder aus einer anderen Stadt oder aus einem Dorf der DDR, und man verbringt dieses Jahr seinen Urlaub wie viele andere DDR-Bürger im Ausland.

*DDR-Bürger reisen gern

（東ドイツ市民は旅行好き）
「東ドイツ市民はとりわけ、外国旅行が好き」なのだそうです。この「外国」がどこかと言うと、モスクワの赤の広場、ブルガリアの黒海、ポーランドのバルト海沿岸などなど。すべて東欧圏に限られているのが特徴です。
さらに「国名をドイツ語で覚えましょう」というコーナーに並んでいるのは言わずもがな、ワルシャワ条約機構加盟国ばかりです。

34

Das muß sich doch regeln lassen

Anton: Kollegen, ihr wißt, daß wir im nächsten Jahr die **vollautomatischen** sowjetischen Maschinen bekommen. Wir freuen uns ja alle darauf, aber über eine Sache haben wir noch nicht gesprochen. Wir müssen die Maschinen voll **auslasten.** Das heißt **Dreischichtbetrieb** ab 1. Januar.

Bernd: Ich muß sagen, das **überrascht** mich nicht. Aber bei

＊Das muß sich doch regeln lassen

（そのことは、調整されなければいけない）

ある工場での一場面です。もうすぐソ連製の新しい機械が導入されて、３交代のシフト制労働になることが発表されます。すると労働者たちに動揺が走ります。そして、皆それぞれが自分の都合を申し立て始めるのです。「夕方はサッカーの練習があるから夜勤はいやだ」「労働者芸術祭に出演する演し物の練習をしていていそがしい」「労働時間が不規則になることで、恋人とすれ違いになるのはつらい」などなど。さらには、「機械は俺たちのために導入されるのか？　それとも機械のために俺たちがいるのか？」との疑問を呈する哲学者系労働者も登場します。

次の章でこの問題は解決され、めでたく新機械が導入されているのですが、社会主義の労働の現場って、なかなかのどかなところだったようですね。

＊An welchem Tag wurde in Berlin die Staatsgrenze gesichert?

（ベルリンで、国境が強化された日付はいつか？）

この質問の意味が、私には最初、わかりませんでした。つまり、「ベルリンの壁が建設された日はいつか？」と聞かれているのですね。ちなみに、国境を表す言葉として「壁（Mauer）」は東ドイツでNGワードだったそうです。

H

第5章

東ドイツ社会をのぞいてみれば

東ドイツ出身の人が当時を懐かしんで話すとき、よく「あの頃はすべてが守られていた」という言い方をします。
社会システムに忠実に生きていれば、（希望の職業に就けるかどうかは別として）失業することはなかったわけですし、医療費や社会保障の心配もなかったのですから。一方で、この「守られていた」ということは「管理されていた」、さらには「監視されていた」という意味にもつながっていきます。象徴的なものが秘密警察の存在でした。
2009年初頭にフォルサ研究所が発表したドイツ人の意識調査によると、1989年の時点で「統一によって自分の生活はよくなる」と期待した東ドイツ人が71％いたのに対し、20年後の今「実際によくなったと思う」と答えた人は46％でした。ほかにも、現状への不満や政治への不信が統計によって明らかになっているのですが、その一方で90％以上の人が「民主主義には賛成」としています。
「よりよい生活」を夢見た人々が直面した現実は、以下の統計に映し出されています。「壁」崩壊から20年を迎えた今年、旧東ドイツ地域で19,5％が貧困状態（収入が国内平均の60％以下）にあり、2009年５月の時点での失業率は13,3％（旧西ドイツは6,9％）に上っています（連邦統計庁発表）。
こんな過酷な状況と比較すれば、モノ不足や旅行の自由が制限された中でもシンプルに隣近所助け合って生きていた当時が懐かしい、と振り返ってしまう気持ちもわかるような気がします。
また東ドイツ出身の人たちにとって、西の人から東ドイツを全否定されることは、その中でよりよく生きようとしていた自分の努力や労苦をすべて否定されてしまう気持ちにもなるのだそうで、東ドイツ人の「あの頃はよかった」という言葉の裏には結構複雑なものがあるのです。
この章では、生活の近いところにあった東ドイツ社会の「東ドイツらしさ」を、長短とりまぜて見ていきたいと思います。

Bäckereien

パン屋 -Bäckereien

20世紀初頭、急激な都市化が進んだベルリンには、多いところではひとつの地区に300軒の職人経営のパン屋さんがあったといいます。今は、ベルリン全体で200軒を数えるくらいの店舗数になってしまいましたが。

その理由としては、どこのスーパーでもパンが買えるようになったからなのと、工業大量生産式のディスカウント・パン屋が増えたことが挙げられます。ちなみにこれは、ドイツ統一後の話です。

東ドイツでも、伝統的な手工業のひとつであるパン屋業は完全国有化はされず、昔ながらの職人による家族経営のパン屋さんの方が国営のパン工場より、多かったといいます。

もちろん、計画経済の下、パンの年間生産量は国によって決められ、小麦などの基本物資も割当分を配給される制度になっていました。限られた材料、品質の悪い小麦粉、その中でいつも工夫をこらす必要がありました。

東西分断以前から存在し、東ドイツ時代を経て統一後も生き残った伝統的なパン屋さんが、東ベルリンにはまだいくつも残っています。

これらのお店には共通していることがあります。それは、お店の規模が昔のままで小さく、パンの単価が西ベルリンのお店で買うより安め、そして何代も続いた家業に誇りを持っていることです。

通りに面したパン屋の店舗は小さいのですが、中はウナギの寝床式に細長く、奥にパンを焼く工房があるのが伝統的なパン屋さんです。ここで仕込んだパンがオーブンから出て来た状態が本当の「焼きたて」なのです。
これに対し、大きな工場で生地を仕込んで、パン屋の店舗ではそれを焼くだけ、というタイプのお店の方式を揶揄して「ブロイヌングス・センター(Bräunungscenter)」と呼んだりします。「日焼けサロン」という意味です。
ところで、東ドイツ時代から「パン屋は日曜日と月曜日が休み」というのが伝統だったそうで、東ベルリンでは今もこれを守っているお店があります。なぜかというと、パンは必ず売る前日に仕込みをしなければならず、「月曜日に営業するためには、日曜日に準備をしなければないから」なのだそうで、1週間に1回休みを取るための鉄則なのだとか。そのへんが、西のパン屋さんよりのんびりしているというか、「労働者に優しい側面」がうかがえます。
昔から数多くのパン屋がひしめいてきたベルリンでは、パン屋ほどローカルな商売はないといえます。毎日パンを買いに来る地元のお客さんに対し、誠実で良心的な商売を続けられるかどうか。単純なようでいて難しい、基本中の基本が「商売繁盛」の秘訣なのかもしれません（78～79P 参照）。

Kirchen

教会 -Kirchen

ベルリンの壁を開けるきっかけのひとつとなった大規模な民主化デモが、ライプチヒのニコライ教会を拠点に始まったことは広く知られています。毎週月曜日に行われるようになった民主化要求の「月曜デモ」に発展する以前は、「月曜のお祈り会」が行われていました。そこから平和的なデモが起こり、歴史を動かすダイナミズムが生まれていったのです。

教会と東ドイツ政府の確執には、長い歴史がありました。

社会主義国家だった東ドイツの中で生き残るために、プロテスタント教会は妥協を受け入れる「社会主義の中での教会」路線を打ち出します。一方で政府は、社会主義国家建設の名の下に、古い教会建物の撤廃を進め、さらに教会の堅信礼に代わるユーゲントヴァイエ（Jugendweihe）という制度を導入します。これは、14歳になった少年少女たちが社会主義への忠誠を誓い、大人として認められるというセレモニーでした。これには、教会の社会的影響力を減らすことが意図されていたといいます。

また東ドイツには、小学校1年生から参加できる「ピオニール」や、14歳になると加入資格を得られる「FDJ（自由ドイツ青年団）」など、国家がつくった子供用の組織があり、これらの組織に加わらずに暮らして行くことは「ほぼ不可能だった」とされています。

2

3

1 ポツダム広場に展示されていた、東ドイツ政府により破壊される教会の瞬間をとらえた写真 2 1987年にシュタージの捜索を受けたツィオン教会(Map 7P-38)。東ドイツで禁書だった書籍の図書館「Umweltbibliothek」があった 3 ツィオン教会と並んで、反政府運動の拠点だったゲッセマネ教会(Map 7P-39) 4 子供用の政治組織FDJの記念切手

東ドイツで育った友人に「子供のとき、教会に行ったことがある？」と尋ねると、肩をすくめて「教会は、アウトサイダーというか変わり者が行く場所だったから」という反応が返ってきました。

そういった中で教会は、平和運動や人権運動、そしてしばしば反政府運動の拠点となり、シュタージにつけねらわれる存在でもありました。

のちにブランデンブルク州首相や連邦運輸大臣を務めたマンフレート・シュトルペは東ドイツ時代、プロテスタント教会組織の指導的立場にあり、当局との交渉窓口の役割を果たしていたといいます。それが後に、「シュタージの非公式協力者だったのではないか」という疑惑を生むことにもなったのですが。

このほかにも統一後のドイツで、主要な役割を担っている東ドイツ出身者に、教会関係者の名前を見つけることができます。

1999年までシュタージ文書保管機関の責任者を務めたヨアヒム・ガウクは東ドイツ時代、反体制派の牧師でした。そして初の女性首相となったアンゲラ・メルケルは牧師の娘です。メルケルの父であるホルスト・カスナー牧師は1954年に西ドイツのハンブルクから東ドイツの教区に赴任し、そのまま東にとどまりました。

4

1

託児施設 -Kindertagesstätte

東ベルリンに住んでいる友人と久しぶりに電話で話していたとき、「あ、そろそろ子供を保育園に迎えにいかなくちゃ」と言い出したのでびっくりしました。その子はようやく1歳になったばかりだと聞いていたので。「今はまだお試し期間で、少しずつ慣らしているところなんだけどね」と、新米のお父さんは言いました。そのとき知ったのですが、東ベルリン（というか旧東ドイツ地域）の保育園では、0～1歳児を受け入れている施設が大多数と言っていいほどなのです。同じベルリンでも西に行くと、子供が保育園に入れる年齢は2～3歳くらいからが主流になります。また最新の調査では、3～5歳の子供が託児施設、またはベビーシッターのもとで全日（1日7時間以上）過ごすというケースがドイツ全体で、東では66%、西では22%という大きな違いが表われています。
前述の友人は旧西ドイツの出身なのですが、「東では、かなり小さいうちから集団の中で社会性を培う教育をするんだよね。実際に子供を通わせてみて、悪くない習慣だと思った」と話してくれました。
EU加盟国の中でも、深刻な少子化が問題になっているドイツでは今、「託児施設の充実をはかる」ことが急務とされています。全日制や、3歳以下の小さな子供も入れる施設をもっと増やして、働く女性が出産・子育てしやすい環境をつくる

2

3

4

5

ということなのですが、これにカトリック教会の代表者らが異論を唱えています。「子供は３歳になるまでは、おもにお母さんの愛情を注いで育てるべき」と。
こういう見解は、実は旧西ドイツの方で根強いのです。このことを反映して西では託児施設の数が少なく、一方東では、社会主義時代の「恩恵」もあって託児施設先進国状態、となっている次第。
この問題に関しては、東ドイツ育ちのメルケル首相が、自分が育ってきた環境を踏まえて改革に積極的なのだとも言われています。
「東ドイツではね、子供が学校をさぼってどこかに遊びに行ってしまったりすると、学校の先生が親の働いている会社まで話をしに来るのがふつうだったのよ。最近の先生は、そこまで時間外労働をしないでしょ？」
３人の子供がいる東ドイツ出身の女性が、そんなふうに言っていました。
「社会が子育てを担う」というシステムがもっていた東ドイツの先進性がはからずも、「少子化問題」によってクローズアップされた格好になりました。

1 託児施設の多い東ベルリンのプレンツラウアーベルク地区。子供たちの姿やベビーカーをたくさん見かけます 2 東ドイツ時代の生活雑誌から。育児やしつけに関するものが多く目につきます 3 東ベルリンにある保育園です 4.5 託児施設の多いエリアには、子供向け本屋さんや子供服のリサイクルショップも豊富です

Verbraucher-Magazin

生活雑誌 -**Verbraucher-Magazin**

「グーター・ラート（Guter Rat）」は戦後間もない1945年11月、ベルリンのソ連占領地区で創刊された生活雑誌です。これが東ドイツの雑誌として引き継がれ、統一後の今も装いを変えて存続しています。
モノのない戦後に誕生した生活雑誌というところに、日本の「暮らしの手帖」と重なるところがあります。ただし、戦後の貧しさからこそ抜け出したものの、その後も「モノ不足の状態」が継続した社会的背景が、東ドイツにはありました。その中で、工夫を凝らして生きている人々の姿が「グーター・ラート」をめくっていくと垣間見えてきます。

1966年1月号には、「パーティーを開くのに料理をどうやって準備したらよいか？」というテーマで、買い物に関するアドバイスからメニューレシピまで、詳しく紹介されています。材料調達にまつわる経験談も載っていますが、どちらかというと「材料を集めるためにいかに自分が苦労したか」という話に集約されており、それで結局、材料がそろったのかどうかが気になるところです。

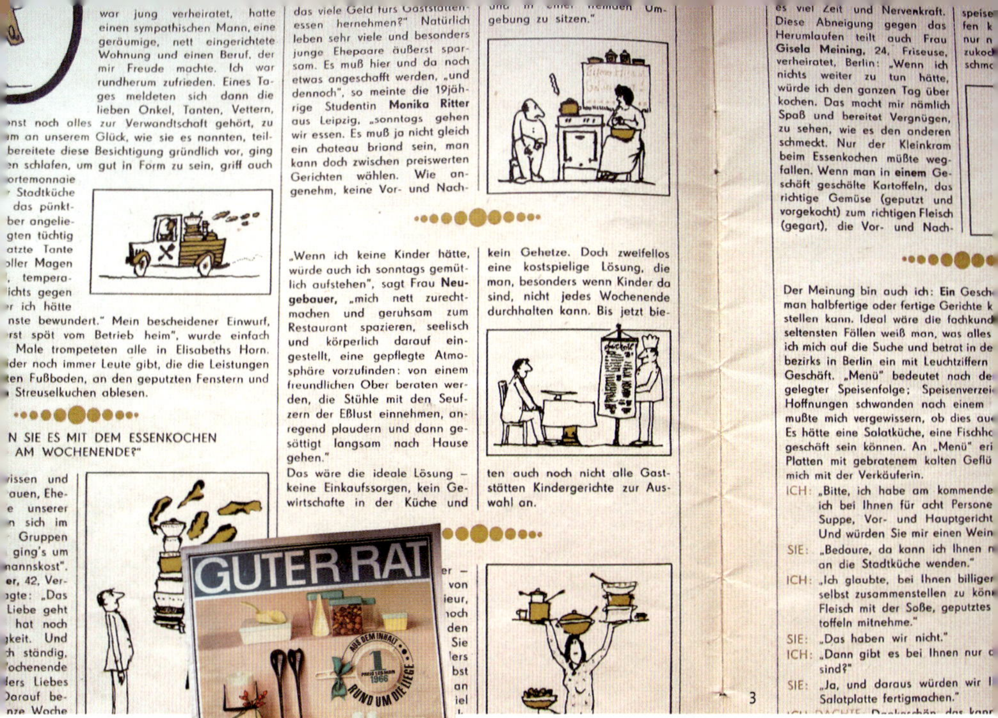

das viele Geld fürs Gaststättenessen hernehmen?" Natürlich leben sehr viele und besonders junge Ehepaare äußerst sparsam. Es muß hier und da noch etwas angeschafft werden, „und dennoch", so meinte die 19jährige Studentin **Monika Ritter** aus Leipzig, „sonntags gehen wir essen. Es muß ja nicht gleich ein chateau briand sein, man kann doch zwischen preiswerten Gerichten wählen. Wie angenehm, keine Vor- und Nach- … in einer fremden Umgebung zu sitzen."

„Wenn ich keine Kinder hätte, würde auch ich sonntags gemütlich aufstehen", sagt Frau **Neugebauer**, „mich nett zurechtmachen und geruhsam zum Restaurant spazieren, seelisch und körperlich darauf eingestellt, eine gepflegte Atmosphäre vorzufinden: von einem freundlichen Ober beraten werden, die Stühle mit den Seufzern der Eßlust einnehmen, anregend plaudern und dann gesättigt langsam nach Hause gehen."

Das wäre die ideale Lösung – keine Einkaufssorgen, kein Gewirtschafte in der Küche und kein Gehetze. Doch zweifellos eine kostspielige Lösung, die man, besonders wenn Kinder da sind, nicht jedes Wochenende durchhalten kann. Bis jetzt bieten auch noch nicht alle Gaststätten Kindergerichte zur Auswahl an.

2

3

1.2 1966年1月発行号。表紙がまだ写真ではなくイラストです
3 1の中身です。レイアウトも、心なしか「暮らしの手帖」を彷彿とさせます

読者の意見を集めた「週末、料理してますか？」というコーナーでは、
「もちろん料理してます。だって、愛情はお腹から、って言いますからね」
「平日は5日間、毎日会社の社員食堂で食べているので、週末くらいは家で料理しなくちゃ」
といった女性読者からの投稿に対し、
「料理なんかしなくていい。それにかかる余計な電気代、水道代を考えるだけでいたたまれなくなる。それに家の中が油の匂いでくさくなるし」
という男性を代表した読者の意見も寄せられています。
まぁこのへんの、「女性がよかれと思ってやっていることに対する、男性の異なる見解」というのは世界共通のことかと思われますが。

1978年1月。「サボテンの育て方」がこの号のタイトル特集ですが、色とりどりの野菜が紹介されているページもあります。チコリやラディッキョなど、東ドイツのマーケットではまず見かけなかったはずの、ちょっとしゃれた葉もの野菜も

…UE SAMEN – NEUE GEMÜSE

EMPFEHLUNGEN FÜR DEN KLEINGARTEN

…ten Jahren haben sich zu den Samentütchen …ter Gemüsearten eine ganze Anzahl neuer …, deren Namen wie Radicchio, Pac-Choi, …llium fistulosum, Eissalat, Patisson und …erksamkeit und zugleich Fragen nach …Pflege wecken. Zwei Experten geben …en und Gärtnern unserer Zeitschrift …stehenden Beitrag Antwort darauf.

durchdacht sein. Alle nachfolgenden Gemüsearten können im Freiland angebaut werden. Sie entsprechen unseren klimatischen Bedingungen. Eissalat, Knollenfenchel und Radicchio sind für den Staffelanbau besonders gut geeignet und stehen bei zeitlich gestaffelten Aussaaten über einen langen Zeitraum des Jahres zur Verfügung. Auch Zucchini zeichnen sich durch eine lange Ernteperiode aus. Im Gewächshaus verlängern Allium fistulosum (Bunching-Typ), Chinasalat, Knollenfenchel und Zucchini erfolgreich den Angebotszeitraum. Von allen hier genannten Gemüsearten wird nur Allium fistulosum an Ort und Stelle ausgesät. Beim Freilandanbau von Chinasalat und Knollenfenchel ist ebenfalls eine Direktaussaat möglich. Für alle anderen Gemüse empfiehlt sich eine Jungpflanzenanzucht im Topf. Wir orientieren deshalb darauf, weil wir auf diese Weise weitaus rationeller mit dem kostbaren Saatgut umgeben können als bei einer Direktaussaat. Natürlich sind Gewächshaus, Frühbeet und Folienzelt beste Anzuchtstätten für Jungpflanzen, Bedingung sind sie aber nicht. Sie können auch im Wohnbereich erfolgreich angezogen werden.

Allium fistulosum
(Bunching-Typ)

Diese Winterlauchzwiebel is… Freiland im April erntefähig, … frostfreien Gewächshaus bereit… März. Sie bildet keine zwiebe… mige Verdickung, sondern ei… porreeähnlichen weißen Schaft, … einen Durchmesser von min… stens 8 mm aufweisen sollte. A… sonsten besteht die Pflanze aus … lichem grünen Zwiebellauch. … Gegensatz zur ausdauernden … stulosum-Art (Winterhecke) mu… der Bunching-Typ jährlich ne… ausgesät werden.

fang April mit Folie ins Freiland gepflanzt werden. Will man vorzeitige Schosser vermeiden, wollen die Jungpflanzen bei mindestens 17 °C angezogen sein. Die Hauptanbauform im Freiland ist der Herbstanbau mit Aussaaten (an Ort und Stelle oder Anzuchtgefäß) Mitte Juli. Geerntet wird Oktober/November, zumindest dann, wenn Fröste von −5 °C angekündigt sind. Chinasalat …

allerdings bis zu 50 Prozent betragen. Einzelköpfe in gelochter Folie halten im Kühlschrank ebenfalls einen solchen Zeitraum durch.

Eissalat

International sind in den letzten Jahren … Blattsalat… …rt worden. … Kalifornien … …t auch als … …salat wird … …alatsorten … …Blatt läßt … …eine Wo… …Er bleibt … …er frisch

…s Kopfsalat. Die hohe Schoßresistenz begünstigt den Sommeranbau. Ab Ende März/Anfang April kann er bereits in die Erde. Eissalat erreicht eine Kopfmasse von 500 bis 1000 g, deshalb sollte der Pflanzbesatz nicht über 8 Pflanzen pro Quadratmeter hinausgehen.

Japanischer Rettich

Dieser Rettich-Riese darf erst ab Ende Juni bis Ende August ausgesät werden. Bei zu früher Aussaat bilden sich Schosser. Die Ansprüche an Boden und Pflege sind die gleichen wie bei den bekannten Rettichsorten. Er benötigt lediglich einen größeren Abstand von etwa 20 × 20 cm. Nur mit frischem Stallmist sollte man ihn nicht düngen, da er leicht von der Rettichfliege befallen wird. 6 bis 8 Wochen nach der Aussaat kann er bereits geerntet werden. Lagerung: bis Januar. Er besitzt einen milden Geschmack.

Knollenfenchel

Knollenfenchel kann von Mai bis Dezember unseren Speiseplan bereichern, da er ab Mai aus dem frostfreien Anbau im Gewächshaus, aus dem ungeheizten Gewächshaus oder dem Folienzelt im Juni, aus dem Staffelanbau im Freiland zwischen Juli und November und aus dem Kühlschrank im letzten Monat des Jahres zur Verfügung steht. Dafür eignet sich die Sorte »Zefa Fino« am besten. Andere Sorten dürfen wegen ihrer bei langer Tageslichteinstrahlung auftretenden Schosserbildung im Freiland erst ab Ende Juni ausgesät werden.

Achtung: Knollenfenchel nicht tief pflanzen. Der an der Jungpflanze bereits sichtbare Knollenansatz muß über der Erde bleiben. Mit der beginnenden Knollenbildung braucht er viel Wasser, sonst wird die Knolle holzig. Eine erntefähige Knolle hat ein Gewicht zwischen 120 und 450 g. Sie ist seitlich abgeflacht und schmeckt leicht nach Anis, dabei aber herzhaft und aromatisch (Rezepte finden Sie auf Seite 30).

Pac-Choi

Dieses außergewöhnlich anmutende Salatgemüse verlangt reichlich Nährstoffe und Wasser. Staffelanbau gewährleistet ständigen Frischverzehr. Die Vorkultur in Töpfen ist möglich, die Aussaat erfolgt Mitte Juli bis Mitte August. Pflanzabstand: 30 × 30 cm. Dieser Salat bildet keine geschlossenen Köpfe. Er ist frostempfindlich. Die kräftigen Stiele lassen sich wie Spargel zubereiten. Das Blattwerk erlaubt Salate vieler Geschmacksrichtungen.

RADICCHIO

Radicchio

Als Verwandter des Chicorée verdient der aus Italien stammende Radicchio für den Kleinanbau unser Wohlwollen. Für das im Freiland aus Anbaustaffelungen zwischen Mitte Juli und Mitte Oktober erntefähige Gemüse spricht auch das attraktive Aussehen der Pflanze durch die weinrot gefärbten Blätter mit weißen Blattrippen. Sein Geschmack ist pikantbitter, ähnlich dem des Chicorée. Obgleich bei Radicchio die Pflanzung vorzurichten ist, läßt er sich an Ort und Stelle zwischen Mitte Mai und Juli auch direkt aussäen. Wer den bitteren Geschmack dieses Salatgemüses etwas mildern möchte, kann die Blätter kurz in lauwarmes Wasser legen. Dadurch verliert er aber etwas an den Inhaltsstoffen. Der Zubereitung mit Marinaden sind keine Grenzen gesetzt.

PAC-CHOI

Zucchini und Patisson

Diese beiden Kürbisge… freuen sich bereits gro… heit im Kleinanbau. Zu… junge, noch nicht aus… kenähnliche Früchte, … ger als 20 cm werden … muß ihr Wachstum … Auge behalten. Pati… einen sehr ähnliche… wuchs, die Früchte s… flachrund bis disk… von hellgrüner b… Farbe. Ebenso wie … sind die Früchte … um so höher zu wer… sie sind: bevorzugte… 16 cm Durchmess… kann aus dem G… Mai oder Juni ge… Allerdings ist diese… wiegend für das Fr… Niedrige Außenten… digen sie weniger … Die Freilandernte … ten beginnt im Juli… det September. Si… 8 °C und einer Lu… bis 95 Prozent m… über mehrere W… hig.

Prof. Dr. sc. Georg …
Dr. Joachim Lanek…
Institut für Gemü… beeren der Akade… schaftswissenschaf…

5

4

4 1978 年。カラー写真で「サボテンの育て方」特集が組まれています 5 色とりどりの野菜が紹介されています

並んでいます。それもそのはず、このページのテーマは「さあ、市民菜園で野菜を育てましょう」とのことです。

1989 年 1 月号。この年の 11 月にはベルリンの壁が崩壊することになる、東ドイツ末期に印刷されたものです。「読者のキッチンを紹介」のページがあり、80 年代的豊かさのただよう、自慢のキッチンの数々が紹介されています。当時、東ドイツの人のお宅に招かれると、日曜大工で手づくりしたというかなり高度な住環境に驚かされたことを思い出します。
東南アジアのコテージ風のインテリアを、東ベルリンの小さなアパートの中の空間に、すべて自分で手作りして完成させたというお家も見たことがあります。この、究極「自分で家をつくってしまう」という DIY(Do It Yourself) 精神は、実は東西を問わず、ドイツ人に共通したものと言えます。
余談ですが、スウェーデンの家具と雑貨の大型チェーン「IKEA」がドイツで成功をおさめた大きな理由のひとつは、「家具が組み立て式だから、日曜大工した

Wo Leser frühstücken

nutzten dadurch »verschenkte« Stellflächen für einen Imbißplatz. Er macht die Küche zwar nicht größer, aber ganz gewiß praktischer.
»guter Rat« betrachtet den Wunsch seiner Leser nach einem Platz, wo man an Wochentagen frühstückt und gelegentlich auch das Mittag- oder Abendessen einnimmt, durchaus nicht als Rückschritt zur früheren Wohnküche.

ist vielmehr nützlicher Bestandteil eines modernen, rationellen Haushaltes und erspart der Familie unnötige Laufereien und Handgriffe. Deshalb möchten wir allen Baufachleuten ans Herz legen, bei der Planung und Einrichtung von Neubauküchen zu bedenken, ob der kleine Imbißplatz nicht doch noch untergebracht werden kann – unabhängig vom eigentlichen Eßplatz an anderer Stelle in der Wohnung.

Platzvorteil ohne Küchentür

Die Einbaumöbel der QP 58-Küche sind ähnlich angeordnet wie die der Q3A-Küche. Die dem Herd gegenüberliegende Querwand ist hier jedoch so weit vom Kücheneingang entfernt, daß Kühlschrank und ein Hängeschrank Platz finden. In den meisten Fällen haben die Bewohner

genommen und in die Möbelstrecke unterhalb des Fensters eingegliedert. Zugunsten des Kühlschrankes kürzte man die Platte der Spüle links neben dem Becken. Das darunter befindliche freigewordene Schrankteil bot willkommenes Baumaterial für die Sitzgelegenheiten des Imbißplatzes, der die ganze Breite der Wand einnimmt. Ein Holzpaneel mit abschließendem Bord schafft eine gemütliche Atmosphäre. Bild 4 zeigt eine weitere Lösung. Die an der Fensterfront gelegene Möbelstrecke samt Speisekammer hat man an der Querwand neben der Tür eingebaut und dadurch Platz für eine Eßgelegenheit am Fenster geschaffen.
Gerade für kleine Neubauküchen findet der Verbraucher nur schwer Möbelteile, die bei geringerer Tiefe als die üblichen, dennoch viel Haus-

7

6

6 1989年。この号の特集は、「イースターの手工芸品」7「読者の自慢のキッチン」です。読者自身の姿が写真に入っていないのがちょっと残念

ような気分になれること」だったのではないかと私は思っています。

この古い「グーター・ラート」を買った雑貨屋さんで、いくつか東ドイツのモード雑誌も見つけました。中身を開くと、型紙がバラバラと落ちてきて、「さぁ、自分でつくりましょう」というメッセージが受け取れました。
手芸が得意だったので、自分で編んだセーターや、つくった子供服をマーケットに行って売り、薬剤師だった当時の月給より稼いだことがある、という話をしてくれた知人のことを思い出しました。

1

Autos

自動車 -Autos

ドイツ統一後、フィギュア・スケートの金メダリスト、カタリーナ・ヴィットの話が出ると、私の周りの東ドイツの人は必ずと言っていいほどいやな顔をしたものです。
「だって彼女、あの当時プジョーに乗っていたのよ」
いかにヴィットが特権を享受していたか、と言いたかったのでしょう。その一言に強い印象を受けました。フランス車に乗っていること。そのことが一般の東ドイツ市民に呼び起こす妬みと反感が、想像以上に強いものだったことを知りました。
東ドイツで最も一般的な国産車はトラバント（Trabant、愛称トラビ）でした。1991 年に製造が中止されるまで、34 年間に渡り 300 万台が生産されたとされるこの車は「走るボール紙」などと言われたように、木綿を混合したプラスチック素材で作られた小型車です。この素材は鉄不足のために用いられたものだそうで、錆びにくい代わりに穴があきやすいという性質を持っていたのだそうです。
トラビに次いで一般的だった国産車がヴァルトブルク。さらにソ連車のラダやチェコ車のシュコーダに乗っていると、少しステータスが高いとされました。プ

1 最近、めっきり見かけなくなったと思ったら、こんなところで商売していました。トラバントでベルリン観光できます（http://www.trabi-safari.de/） 2,3 ドライブ中、絶え間ない振動とエンジンの騒音を感じるのがトラビの特徴

ジョーなどのフランス車は、すでに特権階級のシンボル。そして政府高官の車はスウェーデン車のボルボ、というのが定番でした。最高級車がメルセデス・ベンツではなかったところに、西ドイツへの対抗意識が感じられます。

さて、そんな自家用車のステータス・ヒエラルキーの下の方にあってなお、トラビは注文してから実際手に入れるまで、15年待ちだったと言われています。子供が生まれたらすぐに注文しておいて、その子が運転免許を取得できる頃にようやく車が届く、という仕組みだったわけです。

だからなおさら、人々の思い入れが強い車なのでしょう。統一後、熱狂的なファンクラブが結成され、今ではカルト的人気のある車として健在です。かつて生産工場のあったツヴィッカウでは1年に1回、「国際トラバントの集い」が開かれています。

ベルリン市内にはトラビに乗って東ベルリンツアーができる観光アトラクション「トラビ・サファリ」があります。

ところで私は統一直後の東ベルリンに住みながら、実はトラビに乗ったことが一度もなかったのですが、この「トラビ・サファリ」で初めてその貴重な体験をす

写真提供：トラビ・サファリ

「トラバントのあるすてきな生活」を描いた、東ドイツ時代の広告

ることができました。
２ストロークエンジンで燃料はオイル混合ガソリン、最高速度は100km/hの車に乗って一般車道に乗り出すというのは、なかなかスリリングなものでした。エンジンがかかっている間の車の絶え間ない振動と、車内に立ちこめるオイル混合ガソリンの臭いが、緊張感を高めてくれます。そして、道行く人たちの熱い視線を浴びられます。それは不思議な感覚です。まるで、トラビに乗っている自分が過去からタイムスリップしてきたみたいな、そんな気分が味わえます。

Das Fernsehprogramn

テレビ番組 -Das Fernsehen

かつて東ドイツ内でまことしやかに言われていた通説。

東ドイツのテレビが流すニュースには３通りのカテゴリーがある。

A：本当のこと
B：たぶん本当のこと
C：たぶん本当ではないこと

A に属するものは時報である。B に属するものが天気予報。そしてそれ以外はすべて C に属する。

そんな東ドイツの国営テレビ番組で特に人気が高かったのは、ザントメンヒェン（Sandmännchen）が登場する 18:50 からの子供番組と、毎週月曜日の夜に放映される昔の映画（30 ～ 40 年代に製作されたもの）だったそうです。
そしてこの映画の時間の後には、「デア・シュヴァルツェ・カナル（Der Schwarze Kanal）」という名物番組がありました。1960 年３月にスタートしたこの番組は、西ドイツのテレビ番組を紹介するという趣向のものでした。たとえば

こんな感じで。
まず、裕福そうな西ドイツの町の様子が映ります。そのあと、カメラが切り替わって、駅にいるホームレスを映し出すのです。
「こんなふうに一見豊かそうに見える西ドイツの現状は、実はこうなんだよ」という解説で、東ドイツ市民を「啓蒙」する役割をこの番組は担っていたわけです。
一方の東ドイツ市民はどうだったかというと、実は彼らはごくふつうに西のテレビ番組やラジオ番組を受信することができたのです。このことが結局、東ドイツ市民の不満を募らせ、西側へ出たいという欲求を高まらせる原動力になったとも言われています。東ドイツ政府がどう喧伝しようと、テレビやラジオを通して西の様子が見えてしまい、そこでは人々が自分たちよりいい車に乗り、市場にはモノが豊かにあり、自分たちより裕福な暮らしをしている、わけですから。
そのため「ベルリンの壁」が開く直前頃には多くの東ドイツ市民にとって、「デア・シュヴァルツェ・カナル」は啓蒙番組というより、西ドイツのテレビ番組と見比べて笑う、娯楽番組になっていたといいます。
ちなみに東ドイツの中でドレスデンとその周辺地域では、西側のテレビ放送を受信することができませんでした。そのためこの地域は、「何も知らない人たちの谷（Tal der Ahnungslosen）」と呼ばれていたそうです。

Short interviews

ショート・インタビュー集
旧東ドイツ出身の皆さんに聞いてみました

1.「ベルリンの壁が開いたときのこと、覚えていますか？」

＊クリスティアーネさん（1969年生まれ、女性／公務員）
1989年の５月にハンガリー・オーストリア国境が開いて以来、とにかく周りは浮き足立っていて「今こそ西へ逃げるチャンスだ！」という雰囲気がみなぎっていたけれど、私自身はまだ様子を眺める、という気持ちだった。それが「ベルリンの壁」が開いたときは、とにかくびっくりした。変化の時流は感じていたけれど、すべてがこんなに早く変わるとは思わなかったから。

＊トビアスさん（1983年生まれ、男性／学生）
父や母がとても喜んでいたことを覚えている。ぼくとしては、西ドイツのグミのお菓子が手に入るようになったのがとてもうれしかった。

＊トーマスさん（1955年生まれ、男性／博物館職員）
ベルリンの壁を開ける原動力になったのは、結局、東ドイツ市民の勇気だったと思います。だって同じ年の６月には、中国で天安門事件が起っているんですよ。同じように民主化要求が弾圧される可能性だってあったんですから。東ドイツ市民は、そのときの誇りを忘れてはいけないと思います。

＊イングリットさん（1965年生まれ、女性／音楽家）
うれしかった。私は外国に出たいと思って、東ドイツ政府に申請して却下された経緯があったから、これで自由に国外に出られると思った。

2.「ドイツ統一について、あなたが思っていることを話してください」

＊エルケさん（1944年生まれ、女性／元薬剤師）
統一後のドイツは私たちにとって、同じドイツ語を話している外国みたいなところになってしまったわね。統一に関しては、「西が東を解放した」みたいな考えがあるのが気に入らないわ。東ドイツ時代を懐かしいと思うことのひとつは、当時は生活がもっとシンプルで、人と人とのつながりが密接だったこと。

＊ラルスさん（1959年生まれ、男性／パン屋経営）
ドイツ統一後の現状に不満を言いたがる人が多いけど、人はどういう環境にいても何にでも文句をつけたがるものだからね。ごく冷静に考えて、昔と比べて今は比較にならないくらい恵まれた環境にいると思うよ。

＊ミヒャエラさん（1967年生まれ、女性／会社員）
東ドイツ時代は、友だち同士で話していても、言うことに気をつけなくちゃいけない空気があった。だれがどこで秘密警察とつながっているかわからなかったから。そういう、言論や思想に対する無言の圧力があった。そこから解放されただけでもすばらしいことだと思う。統一が実現されたことに感謝するべきだと思うわ。

＊ミレーナさん（1978年生まれ、女性／学生）
社会主義の教育では、「私」という個がなくて、すべてが「私たち」で括られていたように思います。そのことを息苦しく感じ始めた思春期に「ベルリンの壁」が開いた。私の中では、自分の子供時代に受け入れていた価値観と、その後の変化の間にあるギャップがまだ残っていて、折り合いがついていないと思う時があります。

＊ゼバスチャンさん（1986年生まれ、男性／販売員）
ドイツが統一してから何年も経って、11歳のときに東ベルリンから西ベルリンに引っ越しました。そのとき初めて学校で同級生から「おい、オッシー（Ossi＝東のやつ、という意味の罵り言葉）」と言われたんですが、その言葉の意味がわからなかったのを覚えています。西ドイツの人の方が、東とか西とかっていうことに今でもこだわっているんじゃないかな。

3. あなたにとって、「ベルリンの壁」崩壊、ドイツ統一を一言で言い表すとしたら？

＊カリーナさん（1965年生まれ、女性／デザイナー）
「プレゼント」

＊マティアスさん（1972年生まれ、男性／会社員）
「変化」

＊クリスティアーネさん（1969年生まれ、女性／公務員）
「新しい始まり」

＊フローリアンさん（1976年生まれ、男性／音楽家）
「神の恵み」

＊トーマスさん（1961年生まれ、男性／会社員）
「歴史的転換点」

Kolumne #4
懐かしのファストフード

私がドイツに足を踏み入れて一番最初に食べたものは、あたかも狙ったかのようにソーセージでした。
「ベルリンの壁」が崩壊した後のブランデンブルク門前でのことです。屋台というにも及ばない、家庭用バーベキューのグリル台みたいなので焼いて売っていたソーセージを買ったのですが、まるで何かこう「戦後の焼け跡で食べる最初の食べ物」みたいな原体験となりました。
焼いたソーセージをシュリッペと呼ばれる小型の丸パンに挟み、マスタードとケチャップがつきます。この焼きソーセージ（Bratwurst）は、東西を問わずドイツのどこに行ってもある、ファストフードの元祖のようなものです。
何の飾り気もない、純粋にその場の食欲だけを満たしてくれるシンプルさは、日本のものにたとえるとしたら「立ち食いそば」のかけそばに近いかもしれません。
しかしその後、東ベルリンで学生生活を送るようになった私は、めったにこの焼きソーセージを食べることがありませんでした。統一後、東側にもバーガーキング、マクドナルド、そしてトルコ風サンドイッチのドネルケバブなど、西側からやってきた多彩なファストフードの店舗や屋台が増えていき、簡易な中華レストランも雨後のタケノコのように増えて、選択肢が一気に広がりました。同じソーセージを食べるのでも、もっとトッピングに工夫を凝らしたホットドッグのお店も増えてきました。果たして焼きソーセージはこの、ファストフード界グローバル化の波を生き延びられるのか……しかしそんな私の考えは杞憂でした。
従来のシンプルきわまりない焼きソーセージは、今日も町のあちこちで健在なのです。アレクサンダー広場あたりに行くと、さながら駅弁売りのようなお手軽な店構えで売っている、簡易屋台が乱立状態です。
どんなにパスタが流行ったとしても、日本で立ち食いそば屋がなくならないのと同じように、この先もきっと焼きソーセージ屋台はドイツで不滅だろうと感じさせるものがあります。
相変わらず、何のひねりも工夫も感じられない愚直ともいえるこの食べ物は、多くのドイツ人にとって今も、大切な「原点」であり続けているのかもしれません。

アレクサンダー広場に乱立する、
焼きソーセージの簡易屋台

これがドイツの元祖ファスト
フード、ブラートヴルスト（焼
きソーセージ）

東ドイツの歴史と輪郭

（特に国名を示していないものは東ドイツ領域でのできごと）

1945年	ドイツ敗戦。第２次大戦が終わる。ドイツは、米・英・仏・ソ連４カ国の分割統治下に入る。
1946年	ドイツ共産党（KPD）とドイツ社民党（SPD）の統合により、のちに東ドイツの政権政党となるドイツ社会主義統一党（SED）が誕生。
1948年	ソ連による11カ月におよぶ西ベルリン封鎖。この間、西ベルリンは、アメリカ軍によるベルリン空輸によって守られた。
1949年	５月24日　西側地区でドイツ連邦共和国基本法発効。これにより、西ドイツが発足する。10月７日　東ドイツ（ドイツ民主共和国）建国。
1953年	３月５日　ソ連の最高指導者スターリンが死去。６月17日　東ドイツ国内で、労働者による大規模なストライキとデモが勃発。ソ連軍の戦車により鎮圧される。
1956年	ソ連で、フルシチョフによる第一次スターリン批判。東ドイツで、国家人民軍（NVA）が創設される。
1958年	食糧配給券の廃止。「公共の場で演奏される音楽の60％は東欧圏のものでなければならない」と定めた60/40規定が発足。
1961年	８月13日　「ベルリンの壁」建設を開始。
1965年	社会主義統一党（SED）が中央委員会で、文化政策を強化。反社会主義的な映画、書籍、演劇、ポップミュージックを禁止する。
1968年	チェコスロヴァキアで変革を求める「プラハの春」。ソ連率いるワルシャワ条約機構軍が軍事介入してこれを弾圧。
1969年	西ドイツで、ドイツ社民党（SPD）と自由民主党（FDP）の連立政権が発足。ヴィリー・ブラントが首相に就任。ブラントは、東ドイツ、ソ連をはじめとする社会主義圏との関係改善を進める「オスト・ポリティーク」を展開する。

1970年	西ドイツ首相ブラントが、東ドイツのエアフルトを訪問。東ドイツのヴィリー・シュトフ首相と会談し、初の東西ドイツ首脳会談を実現。
1971年	ヴァルター・ウルブリヒトに代わり、エーリヒ・ホーネッカーが社会主義統一党党首に就任。「四カ国協定」の調印により、西ベルリンの立場が保証される。
1972年	西ドイツでミュンヘン・オリンピックが開催され、東ドイツが初めて独自のチームにより参加。東ドイツと西ドイツの間で、東西ドイツ基本条約が締結。お互いを国家として承認する。
1976年	歌手のヴォルフ・ビアマンが、西ドイツ公演中に国籍剥奪となり東ドイツから追放される。
1978年	東ドイツの宇宙飛行士ジグムント・イェーンがドイツ人として初の宇宙飛行。
1980年	ソ連でモスクワ・オリンピック開催。西ドイツは不参加。
1985年	3月、ゴルバチョフがソ連共産党書記長に選出。
1987年	ホーネッカー書記長が西ドイツを訪問。
1989年	5月2日　ハンガリー政府がオーストリア国境に設けていた鉄条網の撤去を開始。これをきっかけに東ドイツから西ドイツを目指す人口流出が加速し、東ドイツ国内では新たな反体制政党・グループが発足。11月9日　「ベルリンの壁」が崩壊。
1990年	3月18日　初の自由選挙が実施され、迅速な東西ドイツ統一が可決される。7月1日　東西ドイツ通貨統合により、西ドイツ・マルクが共通通貨として導入される。10月3日　ドイツ統一。

参考資料：DDR Museum年表「Ein Staat kommt und geht」、『ドイツ統一』雪山伸一著（朝日新聞社）
Zeit Geschichte 2/2009・1989:Die geglückte Revolution

東ドイツを体感できる、３つの映画

＊公開年はドイツでのものです。

『Sonnenallee（ゾンネンアレー）』

小説の日本語訳が『太陽通り—ゾンネンアレー』（トーマス・ブルスィヒ著、浅井晶子訳、三修社）のタイトルでありますが、映画は日本未公開。
東西ベルリンの国境脇に住む15歳のミヒャとその仲間たちの頭の中は、美少女ミリアムのことでいっぱい。彼女の心を引くために日々、涙ぐましい努力を繰り返す。そこにはジミー・ヘンドリクスを聞き、サルトルを読み、バカ騒ぎを繰り広げる、まぎれもない青春時代があります。「ふつうの東ドイツの日常」をのぞいてみたい方におすすめです。

『Good Bye Lenin!（邦題：グッバイ、レーニン！）』

ベルリンの壁が崩壊したとき、アレックスのお母さんは心臓発作で昏睡状態に陥っていました。８カ月後に意識が戻ったときは、すでに東ドイツの社会体制は崩壊し、ドイツ統一まで秒読み状態。しかし「お母さんにショックを与えてはいけない」と医師に告げられ、アレックスは一計を案じます。79平米の居住空間で、今も東ドイツが存続しているかのように装い、周囲の人々も動員して必死の演技を続けるのです。消滅していく東ドイツの最後の時間の中で、お母さんはこれまで子供たちに話せずにいた、ある秘密を打ち明けるのですが……。

『Das Leben der Anderen（邦題：善き人のためのソナタ）』

1984年、東西冷戦下のベルリンを舞台に、反体制勢力を取り締まる国家保安省シュタージによる監視体制の驚くべき実情を描いた名作です。
劇作家ゲオルク・ドライマンの自宅を監視・盗聴し始めたシュタージ局員ヴィースラー大尉は、次第にドライマンに共感し始めます。
冷酷なシュタージ局員の顔を持つヴィースラーが、人間的な感情に突き動かされて変化して行く様子がストーリー全体を動かします。
ヴィースラー大尉を演じた俳優ウルリヒ・ミューエは東ドイツ出身。当時、自分の妻であった女優のイェニー・グレルマンが、実はシュタージの非公式協力者だったという記録が後になって見つかり、自らも苦渋の経験をしています。
2007年に同作が米アカデミー賞外国映画賞を受賞した同年の７月22日、まだ54歳の若さで亡くなりました。

1999 年公開
監督：Leander Houßmann

2003 年公開
監督：Wolfgang Becker

2006 年公開
監督：Florian Henckel von Donnersmarck

東ドイツ・クイズ

東ドイツ・ミュージアムがプロデュースした、「東ドイツ・クイズ」というカードゲームがあります。「歴史を捉えるために」というキャッチコピー付きで、162問に対し４択式で回答を見つけるというもの。しかし実際やってみると、かなり高度でインサイダーな知識を求められる、カルト・クイズであるといえます。
ここでは、162問の中から比較的わかりやすそうなものをピックアップしてご紹介します。また、答えがこの本の中で見つけられるものもある、かもしれませんよ！

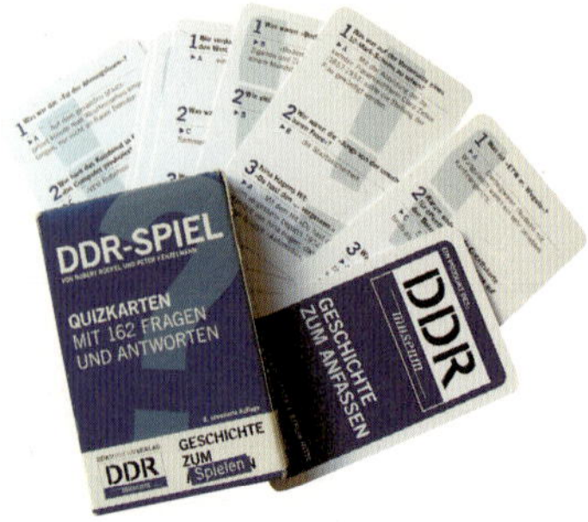

1 「ベルリンの壁」が建てられたのはいつでしょう？

A 1960年８月14日
B 1961年８月13日
C 1963年８月15日
D 1965年８月12日

2 「Klarer Juwel（透き通った宝石）」とは、何の商品名だったでしょう？

A 香水
B ビール
C リンゴの種類
D ブランデー

3 共和国宮殿が立っていた場所には、その前にどんな建物が立っていたでしょう？

A ベルリン宮殿
B ポツダム門
C ブリュッヒャー邸
D プロイセンの陸軍幼年学校

4　東ドイツで820万部が印刷された最高ベストセラーは？

A　ゲーテ著『若きウェルテルの悩み』
B　ホーネッカー著『我が人生』
C　レーニン著『国家と革命』
D　マルクス＆エンゲルス著『共産党宣言』

5　「ブロイラー（Broiler）」とは、何のことでしょう？

A　連続加熱機
B　大型オートバイ
C　国境に設置された拡声器
D　ローストチキン

6　東ドイツ国産車トラバントの最高速度は？

A　80km/h
B　100km/h
C　125km/h
D　150km/h

7 トラバントを注文してから届くまでの平均待機期間は？

A　６カ月
B　２年半
C　15年
D　20年

8　IMとは何の略称でしょう？

A　Industrielle Massenfertigung（工業大量生産）
B　Institution zur Medialisierung der Landbevölkerung（地方住民のメディア活性化のための機関）
C　Immigrierter Migrant（アフリカ諸国からの移民）
D　Inoffizieller Mitarbeiter bei der Stasi（シュタージの非公式協力者）

9　次の中で、東ベルリンではない地区はどれでしょう？

A　ヴェディング
B　フリードリヒスハイン
C　プレンツラウアーベルク
D　ミッテ

10　西ドイツのテレビが受信できないため、「何も知らない人たちの谷」と呼ばれていた場所は？

A　ドレスデンとその周辺
B　東ドイツ全体
C　人民議会
D　アポルダの軍事境界線

【答え】

1 B／2 D／3 A／4 D／5 D／6 B／7 C／8 D／9 A／10 A

あなたの東ドイツ度チェック

正答数

10～8：すばらしいです！　あなたは東ドイツに来ても、
すぐに溶け込めることでしょう。
7～5：東ドイツに対する学習意欲が感じられ、将来有望です。
4～2：もう少しがんばりましょう。
1～0：あなたはこの本を、後ろから読んでいますね？

ig für uns ist, dass die
neka unmittelbar die
atur des Proletariats
wirklicht, und in dieser
sicht kann ihre Rolle
t hoch genug einge-
itzt werden.
LENIN

Stolpe
Staaken
Heerstraße
Chausseestraße
Invalidenstraße
Checkpoint Charlie
Dreilinden
Griebnitzsee
BERLINERMAUER

ner Straße
stätte Berliner Mauer
drichstraße
n-Heine-Straße
Oberbaumbrücke
Sonnenallee
Waltersdorfer Chaussee
urther information / weitere Informationen:
enkstätte Berliner Mauer, www.berlin.de/mauer
Oberbaumbrücke
OFTS 030 346 757 50
MAMMA MIA!

あとがき

1冊の本をつくってしまうほど東ベルリンに思い入れがあるくせに、なぜか今、私は西ベルリンに住んでいます。2008年の夏に、17年ぶりにまたベルリンに住むことになり、そのとき私は迷わず西ベルリンで家を探しました。それは「ベルリンで西側に住んでみたい」というのが長年の夢だったからです。個人的には、17年かかってようやく「ベルリンの壁」を越えたような気持ちでいます。
私がドイツで一番最初に住んだ場所は、統一直後の東ベルリンでした。そのためか私の中には今も、東ベルリンを懐かしい場所だと感じながらも、「西へ出たい」という憧れを持ってしまう、やや屈折した感情があります。そして私は、「ベルリンの壁」を東ドイツ側から眺めてしまうのです。

この本は、1990～91年にかけて東ベルリンに暮らした私の、個人的な体験と思いを中心に綴った東ベルリン紹介です。
このような本作りの機会を与えられたことを、心から幸せに思います。
編集を担当してくださった産業編集センターの福永恵子さん、デザインを引き受けてくださったユカデザインの森井ユカさん、野島禎三さんに改めて感謝申し上げます。
またこの場を借りて、当時から今日まで私が出会ったすべての人に感謝の意を表します。どうもありがとう。
最後に、ドイツで暮らす私をあらゆる意味で支え続けてくれた父と母に、この本を捧げたいと思います。

2009年夏　ベルリンにて
見市　知

主要参考文献

『Berlin 1945-1989』(Ch.Links)
『Mauerpläne』(Edition Panorama Berlin)
『Berliner Mauer-Radweg』
『Orte der SED-Herrschaft Berlin』Martin Jander(Stadtwandel Verlag)
『DDR Design』(Taschen)
『Zeit Geschichte 1989 – Die geglückte Revolution』(Zeitverlag)
『Anatomie der Staatssicherheit – Mfs-Handbuch』
『Die Führungsstelle im Schlesischen Busch」(Kunstfabrik am Flutgraben e.V.)
『Alltag eines Vergangenen Staates zum anfassen』(DDR Museum)
『Goodbye DDR』Guido Knopp (C.Bertelsmann)
『Am kürzeren Ende der Sonnenallee』Thomas Brussig (Fischer)

『ドイツ統一』雪山伸一(朝日新聞社)
『現代史ベルリン』永井清彦(朝日選書)
『西洋建築様式史』(美術出版社)
『ドイチュラント–ドイツあれこれおしながき』山田庸子(ピエ・ブックス)
『ベルリンの壁　ベルリン 1961-1989』

http://www.berlin.de/special/20_jahre_mauerfall/
http://www.thomasbrussig.de/index.html

Kinderbücher DDR
Preis im Buch
/Grenzwiss.
is im Buch
je 2,–
(2=3,–)
Der Rathausschlüssel
DER HAUSFLUG
Gesellschaftswissenschaften
und Künste

見市 知（みいち・とも）
1969年生まれ。東京都出身。1990〜91年にかけて東ベルリンに住んだのをきっかけに、今もドイツ在住。学生、日本語新聞編集者などを経て、フリーのライターに。ドイツを拠点に、ドイツの社会、生活、文化などについて日本語で発信している。
www.tram-magazin.de

協力　special thanks to：
塚本 太朗　Taro TSUKAMOTO
ベルント・クーン　Bernd KUHN
田丸 康子　Yasuko TAMARU
荒井 剛　Tsuyoshi ARAI
石黒 夕貴子　Yukiko ISHIGURO
キム・チャヨン　Ja-Yeon KIM

Berlin U-Bahn Museum

私のとっておき 23
ベルリン　東ドイツをたどる旅

2009年 9月30日　第一刷発行
2016年10月31日　第三刷発行

著者　見市 知
撮影　見市 知
装幀　野島 禎三（YUKA DESIGN）

発行　株式会社産業編集センター
〒112-0011 東京都文京区千石4-39-17
TEL 03-5395-6133　FAX 03-5395-5320
印刷・製本　株式会社シナノパブリッシングプレス

ISBN978-4-86311-033-5 C0026